HANS JÖRG BACHMEIER

HEIMAT SCHMECKT AM BESTEN

Inhalt

1
Hut ab vor
der Pracht
der Tracht

KEINE ZUKUNFT OHNE HERKUNFT

Zukunft braucht Herkunft! Herkunft ist Heimat. Und Heimat schmeckt am besten. In diesem Buch bringe ich unterschiedliche Traditionen zusammen, die auf den ersten Blick nichts oder nicht viel miteinander zu tun haben. Den Koch, den Schmied, den Almwirt. Aber schaut man ein bisserl näher hin, dann finden sich überall Verbindungen, die einen Kreislauf ergeben.

Tradition ist Heimat: Nirgendwo anders spürt man das so gewaltig wie beim Königsschießen auf der Gödenbaueralm bei Bayrischzell. Wenn es nach Schießpulver riecht. Wenn der Donnerhall von den Felswänden zurückrollt und sich ein blauer Himmel über dem Gebirge spannt! So als ob die ganze Welt in Bayern Platz haben würde. Jedes Jahr wird das Königsschießen friedlich gefeiert und erinnert dabei auch an eine ganz andere Vergangenheit. Als die Bayrischzeller Kompanie die Heimat mit ihren Vorderladern verteidigen musste.

Über den Tellerrand hinaus

Zukunft braucht Herkunft. Der Spruch ist vom deutschen Philosophen Odo Marquard. Das stimmt. Auch Tradition muss sich weiterentwickeln. Sonst bleibt sie stehen und stirbt. Tradition ist für mich als Koch besonders wichtig. Ich möchte die Rezepte aus alten Kochbüchern in die Moderne übertragen. Dabei darf man immer wieder über den Tellerrand hinausschauen. Tradition ist Handwerk und auch Köche müssen erst einmal ihr Handwerk beherrschen. Das ist so wie beim Maler, der lernt auch erst mal einen Menschen zu zeichnen, bevor er zum Expressionisten wird. Weil wir gerade bei der Kunst sind: Es ist zwar schön, dass von der Kochkunst

1 Die Pracht der Tracht: Kein Gamsbart, sondern eine Feder schmückt diesen Hut.
2 Tradition mit Sprengkraft: Die Vorderlader werden immer noch mit Schwarzpulver gezündet.
3 Die historischen Gewehre sind echte Schmuckstücke und natürlich auf Hochglanz poliert.
4 Ins Schwarze oder doch daneben? Die Schiedsrichter prüfen die Zielscheibe.

gesprochen wird. Das ist aber ein bisserl übertrieben: Kochen ist für mich ein Handwerk mit kreativen Einflüssen.
Und wie ein Handwerker trainiert auch der Koch seine Fingerfertigkeiten, auf Neudeutsch: seine Skills. Bei dem einen entwickelt sich das mehr in die süße Richtung. Der andere hat mehr Gefühl für das Garen. Aber auch hier gilt: Übung macht den Meister, beim Kochen genauso wie beim Schmieden oder beim Schreinern.

Gutes braucht Zeit

Und noch eine Parallele gibt es zwischen dem Kochen und dem Handwerk: Gutes braucht halt seine Zeit. Das ist in etwa so, wenn ich einen Jus mit Gemüse und Knochen ansetze und daraus eine feine Soße mache. Oder wenn einer wie der Orterer Sepp mit viel Geduld und Liebe seinen berühmten Jachenauer Bergkäse macht. Und der Simon Rauch, wenn er in aller Gemütsruhe seine langen Netze herrichtet, um Ammersee-Renken zu fangen.
Klar, dass sie alle gut in ein Kochbuch passen. Aber Handwerker wie ein Schmied, ein Säckler oder ein Alphornschnitzer – was haben die hier zu suchen? Das kann ich Ihnen verraten: Zum einen erwähne ich sie, weil sie für Traditionen stehen, die vom Aussterben bedroht sind. Und, weil ich möchte, dass das den Menschen bewusst wird. Zum anderen stecken sie alle viel Liebe und Leidenschaft in ihr Handwerk. So wie ich auch ins Kochen.
Und drittens haben sie alle eine unglaubliche Verbindung zu meinem Handwerk. Der Drechsler Hans Thaler zum Beispiel schnitzt aus der Alp-

8

9

10

5 Das gibt's nur in Bayern: Strümpfe nur für die Waden. Auf Bayerisch: Wadlstrümpf
6 Verliebt in Marillen: Bachmeier fährt jedes Jahr zum Pflücken in die Wachau.
7 Kapitaler Fang: Fischer Simon Rauch liebt seinen Ammersee.
8 Feine Stickereien zieren die Hirschlederne.
9 Drechselarbeiten mit dem Stemmeisen: Hans Thaler macht auch Alphörner.
10 Schmieden wie vor 300 Jahren: Hinter dem Amboss glüht das Feuer.

hornöffnung eine Holzschüssel raus, die beim gemeinsamen Essen zum Einsatz kommt. Am besten mit Musikbegleitung aus dem Alphorn. Oder der Schmied, der Geisler Josef. Der macht Pfannen, in denen ich mein Fleisch brate. Das ist doch eine echte Verbindung. Das gilt auch beim Lederhosenmacher. Der Jäger schießt den Hirsch, der Koch verarbeitet das Fleisch und der Stangassinger Franz, macht aus der Haut eine Lederhose. Da kann ich nur sagen: Diese Heimat ist ganz nach meinem Geschmack. Und wenn Sie meine Rezepte nachkochen, dann werden Sie feststellen: Heimat schmeckt einfach doch am besten.

Ihr Hans Jörg Bachmeier

Sebastian S.

HEIMAT SCHMECKT AM BESTEN

KLEINE GERICHTE & SALATE

Bayerischer Nizzasalat mit Forelle

FÜR 2 PERSONEN

1 Schalotte
50 g grüne Bohnen
Salz
1 Tomate
250 g festkochende Kartoffeln
1 Knoblauchzehe
50 ml Weißwein
20 ml Balsamico bianco oder Weißweinessig
50 ml Olivenöl und Olivenöl zum Braten
Pfeffer aus der Mühle
Zucker
2 Wachteleier
2 Forellenfilets (ohne Haut)
1 Zweig Thymian
1 EL Taggiasca-Oliven
1 Romanasalatherz
4 Anchovis

1 Die Schalotte schälen und in dünne Stifte schneiden. Die Bohnen putzen, waschen und halbieren. Erst die Schalotte, dann die Bohnen in ½ l kochendem Salzwasser blanchieren. Aus dem Wasser nehmen und in Eiswasser abschrecken. Das Blanchierwasser beiseitestellen.

2 Die Tomate kreuzweise einritzen, in dem Blanchierwasser ein paar Sekunden überbrühen, kalt abschrecken, häuten, vierteln, entkernen und in Spalten schneiden. Die Kartoffeln schälen, waschen und in etwa 2 cm große Würfel schneiden. Die Kartoffeln ebenfalls im Blanchierwasser leicht bissfest garen. Den Knoblauch schälen und nach der Hälfte der Garzeit dazugeben. Den Topf beiseitestellen und alles lauwarm abkühlen lassen. Wein, Essig und das Olivenöl dazugeben und mit Salz, Pfeffer und Zucker würzen.

3 Die Wachteleier in kochendem Wasser 2½ Minuten blanchieren. In Eiswasser abschrecken, schälen und halbieren.

4 Die Forellenfilets in feine, etwa ½ cm dicke, schräge Scheiben schneiden und mit dem lauwarmen Kartoffelsud marinieren.

5 Den Thymian waschen, trocken schütteln und die Blättchen abzupfen. Die Schalotte, die Oliven und den Thymian zu den Kartoffeln geben. Die Tomate und die Bohnen dazugeben und alles gut und vorsichtig vermengen.

6 Das Salatherz waschen, trocken schütteln und vierteln. Etwas Olivenöl in einer Pfanne erhitzen und den Salat darin anbraten. Auf tiefen Tellern anrichten. Kartoffeln mit den Oliven, Bohnen, Tomatenviertel und den Forellenfilets darauf verteilen. Mit Wachteleiern und Anchovis garnieren.

Shrimpssalat mit Cocktailsauce

FÜR 4 PERSONEN

Für die Cocktailsauce:

75 g Tomatenketchup
150 g Mayonnaise (siehe Seite 29 oder Fertigprodukt)
1 EL Sahnemeerrettich (aus dem Glas)
1 EL Naturjoghurt
1 TL Cognac
Worcestershiresauce
Tabasco
Salz · Cayennepfeffer

Für den Shrimpssalat:

12 Garnelen (mit Kopf und Schale)
50 ml Olivenöl
1 Knoblauchzehe (angedrückt)
½ Chilischote
Salz
abgeriebene Schale und Saft von ½ Bio-Limette
1 Stange Staudensellerie
1 rote Zwiebel
1 Avocado
Meersalz
Pfeffer aus der Mühle
1 Spritzer Reis- oder Apfelessig

1 Für die Cocktailsauce Ketchup, Mayonnaise, Meerettich, Joghurt und Cognac miteinander verrühren und mit Worcestershiresauce, Tabasco, Salz und Cayennepfeffer abschmecken. Bis zur Verwendung kühl stellen.

2 Inzwischen für den Shrimpssalat von den Garnelen den Kopf abdrehen, mit einer Schere die Oberseite aufschneiden und die Schale samt Schwanzfächer ablösen. Die Garnelen am Rücken entlang einschneiden und den Darm vorsichtig herausziehen. Die Garnelen waschen und trocken tupfen.

3 In einer Pfanne (am besten in einer Eisenpfanne) das Olivenöl erwärmen. Den Knoblauch und die Chilischote dazugeben, kurz ziehen lassen. Garnelenschalen und -köpfe dazugeben und mitgaren. Die Garnelen mit Salz würzen und hinzufügen. Sie dürfen nicht zu heiß werden. Limettenschale und -saft hinzufügen. Sobald die Garnelen gar sind, aus dem Fond nehmen. Den Garnelenfond in ein Sieb abgießen und auffangen.

4 Den Sellerie putzen, waschen und in mundgerechte Stücke schneiden. Die rote Zwiebel schälen und achteln. Beides in kochendem Salzwasser bissfest blanchieren.

5 Die Avocado halbieren und den Stein entfernen. Das Fruchtfleisch schälen und in Fächer schneiden. Die Avocado mit Garnelenfond marinieren, mit Meersalz und Pfeffer abschmecken und etwas Essig hinzufügen. Auf Teller verteilen.

6 Den Sellerie und die Zwiebel mit dem restlichen Garnelenfond marinieren, die Garnelen dazugeben und alles auf der Avocado anrichten. Mit Cocktailsauce beträufeln. Nach Belieben mit Sellerieblättern garnieren.

Gebratener Romanasalat mit Sardinen

FÜR 4 PERSONEN

Für den Salat:

1 Romanasalatherz
4 Schalotten
8 frische Sardinen (küchenfertig)
2 EL Olivenöl
1 Knoblauchzehe (angedrückt)
1 TL Zucker
50 ml Rotweinessig
100 ml Weißwein
Salz · Pfeffer aus der Mühle
1 Zweig Thymian
1 EL Rosinen
1 EL gestiftelte Mandeln

Außerdem:

Öl zum Braten
1 Bund Schnittlauch
2 Scheiben Bauernbrot

1 Für den Salat das Salatherz vierteln, waschen und trocken schütteln. Die Schalotten schälen und achteln. Die Sardinen waschen und trocken tupfen.

2 Das Olivenöl in einem Topf erhitzen, die Schalotten und den Knoblauch darin andünsten. Den Zucker hinzufügen und karamellisieren. Mit dem Essig ablöschen und mit dem Wein aufgießen. Mit Salz und Pfeffer würzen. Den Thymian waschen, trocken tupfen und mit den Rosinen dazugeben. Alles köcheln lassen, bis die Schalotten bissfest sind.

3 Inzwischen in einer Pfanne etwas Öl erhitzen und den Salat darin rundum anbraten.

4 Die Sardinen mit Salz würzen und mit den Mandeln zu den Schalotten geben. Die Salatherzenviertel ebenfalls zu den Sardinen geben und mit geschlossenem Deckel etwa 1 Minute ziehen lassen.

5 Den Schnittlauch waschen, trocken schütteln und in feine Röllchen schneiden. Die Brotscheiben halbieren und in einer Pfanne in etwas Öl anrösten. Das Brot herausnehmen. Den Romanasalat auf die Brotscheiben legen und die Sardinen darauf anrichten. Schalotten, Rosinen und Mandeln darüber verteilen und mit der Vinaigrette beträufeln. Mit Schnittlauchröllchen garnieren und etwas Pfeffer darübermahlen.

Sardinen aus der Dose

Als Alternative können Sie anstelle der frischen Sardinen Ölsardinen aus der Dose verwenden. Die Ölsardinen erst in den Topf geben, nachdem der Romanasalat zugedeckt gezogen hat (die Ölsardinen dürfen nur lauwarm werden), und danach genauso weiterverfahren, wie im Rezept beschrieben.

Orangen-Fenchelsalat mit Jakobsmuscheln

FÜR 2 PERSONEN

Für den Orangen-Fenchelsalat:

je 1 Bio-Orange und -Zitrone
2 EL Zucker
1 Fenchelknolle
Salz
2 Spritzer Weißweinessig
1 Spitzpaprikaschote
Pfeffer aus der Mühle
2 EL Olivenöl

Für die Jakobsmuscheln:

8 Jakobsmuscheln (küchenfertig)
Salz
4 Zweige Thymian
1 EL Olivenöl und Olivenöl zum Beträufeln
20 g kalte Butter
1 Knoblauchzehe (angedrückt)

1 Für den Orangen-Fenchelsalat die Orange und die Zitrone heiß waschen, trocken reiben, mit dem Sparschäler dünn schälen und die Schale in feine Streifen schneiden. 100 ml Wasser zum Kochen bringen und die Orangen- und Zitronenschalen darin blanchieren. Die Schalen herausnehmen und das Wasser weiterköcheln lassen.

2 Eine Orangenhälfte auspressen und den Saft zum Wasser geben. 1 EL Zucker hinzufügen und das Wasser um die Hälfte einkochen lassen. Die Zitrusschalen wieder dazugeben, einmal kurz aufkochen und ziehen lassen.

3 Inzwischen den Fenchel putzen, waschen und mithilfe eines Hobels in feine Scheiben hobeln. Den Fenchel mit Salz, restlichem Zucker und 1 Spritzer Essig würzen, die zweite Hälfte der Orange auspressen und den Fenchel damit marinieren.

4 Die Paprikaschote schälen, längs halbieren, entkernen, waschen und der Länge nach in feine Streifen schneiden. Mit Salz, Pfeffer, 1 Spritzer Essig und dem Olivenöl marinieren.

5 Für die Jakobsmuscheln die Jakobsmuscheln waschen, trocken tupfen und mit Salz würzen. Den Thymian waschen und trocken schütteln.

6 Das Olivenöl in einer Pfanne erhitzen. Die Jakobsmuscheln darin anbraten, wenden und die kalte Butter dazugeben. Thymian und Knoblauch hinzufügen. Die Jakobsmuscheln immer wieder mit der Butter überträufeln. Ein paar Tropfen Orangensud über die Jakobsmuscheln träufeln.

7 Den Fenchel auf Tellern anrichten. Die Paprikastreifen darüber verteilen und die Jakobsmuscheln darauf anrichten. Die Jakobsmuscheln mit dem Sud beträufeln und mit den Orangen- und Zitronenschalen garnieren. Etwas Olivenöl darüberträufeln und nach Belieben mit Fenchelgrün garnieren.

1

2

3

VOM ALPHORN ZUR SCHÜSSEL

„Durch die immer schneller werdende Welt wird das Handwerk kaputt gemacht, irgendwann wird es vergessen und damit geht wertvolles Wissen verloren. Schad!", mahnt der Bachmeier und hat einen der wenigen Alphorn-Drechsler besucht, die es in unserer Heimat noch gibt. Den Thaler Hans in Bayrischzell.

Auch wenn er es sicher nicht gern hört. Mit seinem karierten Hemd, seinem buschigen Oberlippenschnauzer und der randlosen Brille sieht er ja fast schon aus wie der Meister Eder. Und seine Werkstatt am Fuß des Wendelsteins, gleich neben der Kirche, hat als ehemaliger umgebauter Holzschuppen auch den entsprechenden Romantikfaktor.
Bei Hans Thaler treibt jedoch kein Pumuckl sein Unwesen und auch sonst spukt es nicht. Es sei denn, man schreibt es übersinnlichen Kräften zu, dass jemand aus den hier hergestellten und 3,60 Meter langen Alphörnern tatsächlich einen der 14 Töne herausholt.
Hans Thaler ist zwar nicht der Meister Eder, aber ein Meister der Alphörner. Seit den 50er-Jahren des letzten Jahrhunderts stellt der gelernte Zimmerer und Klarinettist diese Musikinstrumente her. Mit hoher Perfektion, denn so manches Horn tritt in den bedeutendsten Philharmonien der Welt auf. Transportiert wird es übrigens in drei Teilen, sonst würde es in kein Auto und in keinen Flieger passen.
Dem Thaler Hans hat das keiner beigebracht. Er hat sich sein Können buchstäblich erschnitzt. „Das hat natürlich nicht gleich geklappt", sagt er. Immer wieder hat er die riesigen krummen Fichtenstämme, die im Winter oberhalb von 1500 Metern gefällt werden müssen, auseinandergeschnitten, ausgehöhlt und wieder zusammengeleimt, bis er den Bogen raushatte. Nur sieben Millimeter dick darf die Außenwand des Alphorns sein, und das über die ganze Länge. So klingt das Horn für den Bayrischzeller am besten. Echte Maßarbeit! „Respekt!", sagt dazu der Bachmeier und hat sich beim Thaler Hans gleich ein paar Schüsseln mitgenommen. Die sind aus echtem Holz geschnitzt, und zwar direkt aus der Öffnung des Alphorns. Merke, wo es gut klingt, da schmeckt es auch.

4

5

1 Resteverwertung: Das Endstück des Alphorns wird in die Maschine eingespannt.

2 Dann drechselt der Thaler Hans ein flache Schüssel daraus.

3 Einfach, aber schön: die fertige Holzschüssel aus Fichtenholz.

4 Mit einem Hobel höhlt Thaler die Baumstämme aus, damit sie zum Horn werden.

5 Handwerkstradition direkt aus den bayerischen Alpen: Schüssel, Alphorn, Hirschlederne.

Gebeizter Huchen mit Senfkohlrabi

1 Für den Huchen in einer Pfanne die Gewürze ohne Fett anrösten und im Mörser grob mahlen. Vom Zitronengras die welken Außenblätter und die obere, trockene Hälfte entfernen. Die Kräuter waschen und trocken schütteln. Die Kräuter mit Zwiebel, Ingwer und Zitronengras grob hacken und mit den Gewürzen vermischen, Salz und Zucker dazugeben und gut vermengen.

2 Das Fischfilet waschen und trocken tupfen. Die Kräutermischung zur Hälfte in einem Gefäß verteilen, das Fischfilet mit der Hautseite nach oben darauflegen. Die restliche Kräutermischung über den Fisch geben und mit Folie gut abdecken. Kühl stellen und 5 bis 6 Stunden beizen.

3 Für den Senfkohlrabi die Senfkörner in einem Topf mit dem Wein etwa 10 Minuten weich garen. Den Sud mit Essig, Senf, Salz und Zucker würzen. Den Kohlrabi putzen, schälen, in feine Streifen oder mit einem Spiralschneider zu Spaghetti schneiden. Mit der Senfvinaigrette marinieren.

4 Für die Kartoffelchips die Kartoffel schälen, waschen, mithilfe eines Gemüsehobels in feine Scheiben schneiden, auf Küchenpapier legen. Das Öl in einem großen Topf erhitzen. Es ist heiß genug, wenn sich an einem hineingehaltenen Holzkochlöffel Blasen bilden (170 °C bis 175 °C). Die Scheiben vorsichtig im Öl goldbraun backen. Herausnehmen, auf Küchenpapier abtropfen lassen, mit Salz würzen.

5 Für die Mayonnaise Spinat und Kräuter waschen und in kochendem Salzwasser kurz blanchieren. In Eiswasser abschrecken und gut ausdrücken. Die restlichen Zutaten in einen hohen Rührbecher geben. Kurz stehen lassen, damit sich die Temperaturen angleichen. Mit dem Stabmixer vorsichtig von unten nach oben ziehen, bis die Mayonnaise die gewünschte Konsistenz hat. Den Spinat und die Kräuter dazugeben und fein mixen.

6 Den Huchen aus der Beize nehmen, die Beize abwaschen und den Fisch von der Haut schneiden. Den Huchen in Stücke schneiden, die Mayonnaise dünn auf Teller streichen und den Huchen darauflegen. Den Kohlrabi auf den Fisch legen. Mit den Chips garnieren.

FÜR 4 PERSONEN

Für den Huchen:

3 Sternanise
5 Pimentkörner
je 5 Pfefferkörner und Wacholderbeeren
1 Stängel Zitronengras
je 3 Stiele Dill, Kerbel und Petersilie
1 Zwiebel
50 g Ingwer
100 g Salz
100 g Zucker
1 kg Huchenfilet (mit Haut)

Für den Senfkohlrabi:

1 EL Senfkörner
100 ml Weißwein (ersatzweise Apfelsaft)
1 TL Weißweinessig
1 TL süßer Senf
Salz · Zucker
1 Kohlrabi

Für die Kartoffelchips:

1 festkochende Kartoffel
Öl zum Frittieren
Salz

Für die Mayonnaise:

50 g Spinat
je 50 g Petersilie, Basilikum und/oder Kerbel
Salz · 1 EL Senf
1 sehr frisches Eigelb
1 sehr frisches Ei
200 ml Öl
1 Msp. Cayennepfeffer

MEINE REZEPTQUICKIES

Wurstsalat

4 Regensburger Würste (ersatzweise Lyoner) häuten und in dünne Scheiben schneiden. **100 g Allgäuer Bergkäse** ohne Rinde in feine Streifen schneiden.

Für die Marinade in einer Schüssel **6 EL Essig** mit **2 TL mittelscharfem Senf** und **1 TL Sahnemeerrettich (aus dem Glas)** glatt rühren. Mit **2 Prisen Zucker, Salz** und **Pfeffer** würzen und mit 100 ml Wasser verrühren. Wurst und Käse vermengen, mit dem Dressing mischen und etwa ½ Stunde ziehen lassen.

2 Essiggurken in dünne Scheiben schneiden. **½ Salatgurke** schälen, längs halbieren, vierteln und mit einem Löffel die Kerne entfernen. In feine Scheiben schneiden. **½ Bund Radieschen** putzen, waschen und in feine Stifte schneiden. **1 Frühlingszwiebel** putzen, waschen und in Ringe schneiden. **1 rote Zwiebel** schälen und in feine Ringe schneiden. **1 Bund Schnittlauch** waschen, trocken schütteln und in feine Röllchen schneiden.

Alle Zutaten zum Wurstsalat geben und vorsichtig unterheben. **6 EL Öl** darübergeben und auf Tellern anrichten. Mit Schnittlauch oder Gartenkresse garnieren.

Schwarzbrotchips

4 dünne Scheiben Schwarzbrot in etwa 5 cm große Stücke zerrupfen.

2 EL Olivenöl in einer Pfanne erhitzen. **1 Knoblauchzehe** andrücken, **1 Zweig Rosmarin** waschen und trocken tupfen. Brot, Knoblauch und Rosmarin zum Olivenöl geben und auf beiden Seiten kross anbraten. Mit **Meersalz** und **Pfeffer aus der Mühle** würzen.

Das Brot herausnehmen und auf Küchenpapier abtropfen lassen.

Passt perfekt zu Dips und Wurstsalat.

Getrocknete Tomaten

5 bis 6 Tomaten kreuzweise einritzen, ein paar Sekunden überbrühen, kalt abschrecken, häuten, vierteln und entkernen. Die Tomaten auf ein mit Backpapier belegtes Backblech legen.

2 Zweige Thymian waschen, trocken tupfen und die Blättchen abzupfen. Die Tomaten mit **1 Prise Meersalz,** Thymianblättchen und **1 TL Puderzucker** bestreuen.

Den Backofen auf 80 °C vorheizen. Die Tomaten im Ofen etwa 3 Stunden trocknen.

Die Tomaten herausnehmen und in einem sauberen Einmachglas in **100 ml Olivenöl** einlegen. Die Tomaten halten sich 2 bis 3 Wochen.

Passt perfekt zu Salat (zum Beispiel zum Nizzasalat auf Seite 10) oder auf geröstetes Brot.

Gefüllte Tomaten

60 g Hirse in wenig **Salz**wasser nach Packungsanweisung garen. **1 Knoblauchzehe** schälen und klein hacken. **2 Frühlingszwiebeln** putzen, waschen und in dünne Ringe schneiden. **1 Avocado** halbieren und den Stein entfernen. Das Fruchtfleisch schälen und in kleine Würfel schneiden.

Den Knoblauch in etwas **Olivenöl** andünsten, die Frühlingszwiebeln dazugeben. Beides zur Hirse geben. Avocado untermischen und mit Salz, **Pfeffer aus der Mühle** und **Cayennepfeffer** würzen.

6 reife, mittelgroße Tomaten waschen, jeweils einen Deckel abschneiden und die Tomaten mit einem Löffel aushöhlen. Mit Salz und Pfeffer würzen. Das Innere der Tomaten durch ein Sieb drücken. Das Tomatenwasser zur Hirse geben.

Den Backofen auf 160 °C (Umluft) vorheizen. Die Tomaten mit der Hirse füllen und den Deckel wieder aufsetzen. Die Tomaten in eine ofenfeste Form geben und im Ofen etwa 15 Minuten garen.

½ Bund Schnittlauch waschen, trocken schütteln und in feine Röllchen schneiden. Über die Tomaten streuen.

Essigzwetschgen

1 kg Zucker in einem flachen Topf hell karamellisieren. Mit **½ l Rotweinessig** ablöschen. **½ l Rotwein, 50 ml Zwetschgenschnaps, ½ aufgeschlitzte Vanilleschote, 5 Gewürznelken, 1 Sternanis, 1 Ceylon-Zimtstange** und die **abgeriebene Schale von 1 Bio-Zitrone** dazugeben und so lange köcheln lassen, bis sich der Zucker aufgelöst hat.

2 ½ kg Zwetschgen waschen, trocken tupfen, mehrmals mit einer Nadel einstechen und im Gewürzsud so lange köcheln lassen, bis die Haut einreißt.

Die Zwetschgen heiß in ein sauberes Einmachglas füllen, mit dem Sud aufgießen und verschließen. 3 bis 4 Tage kühl stellen.

Passt perfekt zu Sauerbraten (siehe Seite 104).

Der Stein muss rein

Die Zwetschgen kommen mit Stein in den Sud, denn die im Stein enthaltenen Öle sorgen für einen feinen Mandelgeschmack.

Geräucherter Saibling mit Rührei auf Bauernbrot

FÜR 4 PERSONEN

2 geräucherte Saiblinge (ca. 300 g)
1 kleiner Blumenkohl
Salz
6 Eier
frisch geriebene Muskatnuss
Pfeffer aus der Mühle
1 EL geschlagene Sahne
1 EL Butter
Cayennepfeffer
je 1 Zweig Rosmarin und Thymian
4 Scheiben Bauernbrot
Öl zum Braten
1 Knoblauchzehe (angedrückt)
1 EL Schnittlauchröllchen
Gartenkresse zum Garnieren

1 Den Backofen auf 60 °C vorheizen. Die geräucherten Saiblinge im Ganzen auf ein mit Backpapier belegtes Blech oder in einer ofenfesten Form in den Ofen legen und erwärmen.

2 Den Blumenkohl putzen, waschen, in kleine gleich große Röschen teilen und in kochendem Salzwasser bissfest garen. In ein Sieb abgießen, mit kaltem Wasser abbrausen und auf Küchenpapier trocknen lassen.

3 Die Eier in einer Schüssel mit 1 Prise Muskatnuss, Salz und Pfeffer würzen und mit einer Gabel verquirlen. Die Sahne unterziehen.

4 Inzwischen die Butter in einer Pfanne hell aufschäumen.
Die Blumenkohlröschen hineingeben, kurz anbraten und mit Salz und Cayennepfeffer würzen. Die Pfanne vom Herd nehmen und die verquirlten Eier mit einem Kochlöffel vorsichtig unterrühren.

5 Rosmarin und Thymian waschen und trocken tupfen. Die Brotscheiben in einer weiteren Pfanne mit etwas Öl, dem Knoblauch und den Kräutern anrösten.

6 Das Brot herausnehmen und auf Teller verteilen. Das Rührei auf dem Brot verteilen. Die warmen Saiblinge von Haut und Gräten befreien und auf das Rührei legen. Mit den Schnittlauchröllchen und Gartenkresse bestreuen. Etwas Pfeffer darübermahlen.

Auch Aal ist eine gute Wahl

Wunderbar eignet sich für dieses Gericht auch geräucherter Aal. Diesen bereite ich genau wie im Rezept beschrieben zu. Wichtig ist, er muss beim Servieren lauwarm sein!

Bayerisches Gemüse-Tempura

FÜR 4 PERSONEN

Für das Gemüse-Tempura:

100 ml Weißbier
2 Eier
100 g Speisestärke
100 g Mehl
Salz
4 kleine Karotten mit Grün
100 g Zuckerschoten
200 g Blumenkohl
4 Frühlingszwiebeln
4 Austernpilze
4 Stangen grüner Spargel

Für den Frischkäse-Dip:

200 g Frischkäse
1 EL Paprikapulver (edelsüß)
1 TL Paprikapulver (rosenscharf)
1 Schalotte
100 g Sahne
1 EL Weißbier
1 Bund Schnittlauch
Salz · Pfeffer aus der Mühle

Außerdem:

Öl zum Frittieren

1 Für das Gemüse-Tempura Bier, Eier, Speisestärke, Mehl, ½ TL Salz und 100 ml kaltes Wasser glatt rühren. Den Teig 20 Minuten kühl stellen.

2 Inzwischen die Karotten putzen, schälen und je nach Größe halbieren, dabei das Grün dranlassen. Die Zuckerschoten waschen und trocken tupfen. Den Blumenkohl putzen, waschen und in Röschen teilen, die Frühlingszwiebeln putzen, waschen und halbieren. Die Austernpilze putzen und, falls nötig, mit Küchenpapier trocken abreiben. Die Pilze in dicke Streifen schneiden. Den Spargel im unteren Drittel schälen, holzige Enden abbrechen. Das Gemüse in kochendem Salzwasser bissfest blanchieren und in Eiswasser abschrecken.

3 Für den Frischkäse-Dip den Frischkäse mit den beiden Paprikagewürzen verrühren. Die Schalotte schälen, in feine Würfel schneiden und zum Frischkäse geben. Die Sahne und das Bier hinzufügen. Den Schnittlauch waschen, trocken schütteln, in feine Röllchen schneiden und zum Dip geben. Mit Salz und Pfeffer abschmecken.

4 Das Öl in einem großen Topf erhitzen. Es ist heiß genug, wenn sich an einem hineingehaltenen Holzkochlöffel Blasen bilden (170 °C bis 175 °C). Das Gemüse nacheinander durch den Bierteig ziehen und im Öl frittieren. Herausnehmen und auf Küchenpapier abtropfen lassen. Das Gemüse-Tempura leicht mit Salz würzen und mit dem Dip servieren.

Gemüse rund ums Jahr

Ob Pastinaken, Rote Beten, Schwarzwurzeln oder Zucchini – das Schöne an diesem Gericht ist, dass ich es je nach Jahreszeit ganz nach Belieben mit Gemüse der Saison abwandeln kann, nahezu jede Sorte ist dafür geeignet.

Erdäpfelkäse mit Radieschen

FÜR 2 PERSONEN

Für den Erdäpfelkäse:

2 Stiele Petersilie
200 g mehligkochende Kartoffeln
Salz
1 TL ganzer Kümmel
1 Zwiebel
1 Stiel Majoran
1 EL Butter
125 g Speisequark
50 g saure Sahne
Pfeffer aus der Mühle
frisch geriebene Muskatnuss
½ TL gemahlener Kümmel

Außerdem:

½ Bund Radieschen
½ Bund Schnittlauch
Öl zum Braten
2 Scheiben Bauernbrot
gemahlener Kümmel

1 Für den Erdäpfelkäse die Petersilie und die Kartoffeln waschen. Kartoffeln in leicht gesalzenem Wasser mit den Kümmelkörnern und der Petersilie weich garen. Die Kartoffeln abgießen, ausdampfen lassen, schälen und durch eine Kartoffelpresse drücken.

2 Die Zwiebel schälen und in feine Würfel schneiden. Den Majoran waschen und trocken tupfen. Die Butter in einer Pfanne erhitzen und die Zwiebel darin mit dem Majoran glasig andünsten. Die Pfanne vom Herd nehmen und die Zwiebel auskühlen lassen. Die Zwiebel zu den Kartoffeln geben. Den Quark und die saure Sahne unterrühren. Den Erdäpfelkäse mit Salz, Pfeffer, Muskatnuss und gemahlenem Kümmel würzen.

3 Die Radieschen putzen, waschen und in Stifte schneiden. Den Schnittlauch waschen, trocken schütteln und in Röllchen schneiden.

4 Etwas Öl in einer Pfanne erhitzen und die Brotscheiben darin rösten. Herausnehmen und auf Küchenpapier abtropfen lassen. Den Erdäpfelkäse auf dem Bauernbrot anrichten und mit gemahlenem Kümmel, Radieschen und Schnittlauch bestreuen.

Kartoffeln von gestern

Dies ist ein sehr traditionsreiches Gericht, das ursprünglich als Resteküche galt. So konnte man die gekochten Kartoffeln vom Vortag am nächsten Tag gut weiterverwerten – das gilt auch heute noch und hat den Vorteil, dass die Masse schön trocken wird.

Saures Kartoffelgemüse mit Kapern

FÜR 4 PERSONEN

600 g vorwiegend festkochende Kartoffeln
Salz
1 Zwiebel
½ l Brühe
2 Gewürznelken
1 Lorbeerblatt
3 Wacholderbeeren
4 EL Rotweinessig
20 g Butter
2 EL Öl
1 TL Zucker
25 g Mehl
2 EL Essiggurkenwasser
1 Essiggurke
1 Bund Schnittlauch
1 EL Kapern
Pfeffer aus der Mühle
½ Bund Radieschen
1 EL saure Sahne
Gartenkresse zum Garnieren

1 Die Kartoffeln mit der Schale gründlich waschen und in Salzwasser weich garen.

2 Inzwischen die Zwiebel schälen und in Streifen schneiden. In einem Topf mit der Brühe, den Gewürznelken, dem Lorbeerblatt, den Wacholderbeeren, dem Essig und etwas Salz aufkochen.

3 Die Butter und das Öl in einem weiteren Topf erhitzen. Den Zucker hinzufügen und karamellisieren. Das Mehl einrühren. Mit Essiggurkenwasser aufgießen, die Zwiebel-Brühe dazugeben und etwa 20 Minuten köcheln lassen.

4 Die Kartoffeln abgießen, ausdampfen lassen und möglichst heiß schälen. In Scheiben schneiden und zur Sauce geben.

5 Die Essiggurke in Scheiben schneiden. Den Schnittlauch waschen, trocken schütteln und in Röllchen schneiden. Essiggurke, Kapern und Schnittlauchröllchen zum Kartoffelgemüse geben. Bei Bedarf mit Salz und Pfeffer abschmecken.

6 Das Kartoffelgemüse auf tiefen Tellern anrichten. Die Radieschen putzen, waschen und darüberhobeln, die saure Sahne dazugeben und mit Kräutern nach Belieben und Gartenkresse garnieren.

Zu Fisch oder Fleisch

Das Kartoffelgemüse schmeckt pur, ist aber auch eine tolle Beilage zu gekochtem Rindfleisch oder gebackenem Fisch.

FÜR 4 PERSONEN

Kartoffelsalat mit Bohnen und pochiertem Ei

Für den Kartoffelsalat:

300 g festkochende Kartoffeln
ganzer Kümmel
1 Lorbeerblatt
Meersalz
50 g Zwiebeln (fein gewürfelt)
40 ml Öl
125 ml Wasser oder Brühe
1 TL Dijon-Senf
1 EL Weißweinessig
Salz · Pfeffer aus der Mühle
½ Stiel Liebstöckel
Gartenkresse zum Garnieren

Für die Bohnen:

100 g grüne Bohnen
Salz
Essig · Öl
2 Stiele Dill
Pfeffer aus der Mühle

Für die pochierten Eier:

8 EL Apfelessig
4 Eier

Für die Mayonnaise:

1 sehr frisches Ei
1 sehr frisches Eigelb
1 EL Senf
200 ml Öl
Salz · Cayennepfeffer
Zucker

1 Für den Kartoffelsalat die Kartoffeln gründlich waschen und mit 1 Prise Kümmel, Lorbeerblatt und Meersalz in Wasser weich garen.

2 Inzwischen die Zwiebeln in einem Topf mit dem Öl andünsten. Mit Wasser oder Brühe ablöschen und kurz einkochen lassen. Mit Senf, Essig, Salz und Pfeffer abschmecken. Die Kartoffeln abgießen, ausdampfen lassen und möglichst heiß schälen. In Scheiben schneiden und vorsichtig unter das Dressing mischen. Den Liebstöckel waschen, dazugeben und ziehen lassen.

3 Für die Bohnen die Bohnen putzen, waschen und in kochendem Salzwasser bissfest blanchieren. In Eiswasser abschrecken und sofort wieder herausnehmen. Die Bohnen sollen nicht zu sehr abkühlen.

4 Die Bohnen mit etwas Essig und Öl marinieren. Den Dill waschen, trocken tupfen, die Spitzen abzupfen und unterheben. Mit Salz und Pfeffer würzen.

5 Für die pochierten Eier in einem Topf Wasser mit dem Essig zum Kochen bringen. Die Temperatur reduzieren, damit das Wasser nur noch siedet. Die Eier in je eine Tasse schlagen und vorsichtig am Rand des Topfes in das siedende Wasser gleiten lassen. Etwa 2 bis 3 Minuten unter vorsichtigem Wenden pochieren. Das Eigelb sollte noch flüssig sein. Die fertigen Eier herausnehmen und zum Aufbewahren in lauwarmes Salzwasser legen.

6 Für die Mayonnaise das Ei, das Eigelb, den Senf und das Öl in einen hohen Rührbecher geben und 10 Minuten stehen lassen, damit alle Zutaten dieselbe Temperatur annehmen. Mit dem Stabmixer vorsichtig von unten nach oben ziehen, bis die Mayonnaise die gewünschte Konsistenz hat. Mit Salz, Cayennepfeffer und 1 Prise Zucker würzen.

7 Den Kartoffelsalat auf Teller verteilen. Die Bohnen auf dem Kartoffelsalat anrichten und ein „Nest“ bauen. Je 1 pochiertes Ei in ein Nest legen und mit der Mayonnaise beträufeln. Mit Gartenkresse garnieren.

Gefüllte Zwiebel mit Kartoffelpüree

FÜR 2 PERSONEN

Für die gefüllten Zwiebeln:

2 große Gemüsezwiebeln (à 200 g)
Öl zum Braten
1 festkochende Kartoffel
2 EL Petersilie (gehackt)
Salz
100 ml Milch
1 Brötchen (vom Vortag)
50 g weißer Presssack
100 g gemischtes Hackfleisch
1 Ei
1 Stiel Majoran
2 EL Weißbrotbrösel
2 Butterflöckchen und Butter für die Form

Für das Kartoffelpüree:

200 g mehligkochende Kartoffeln
1 Stiel Petersilie
Salz
ganzer Kümmel
100 g weiche Butter
¼ l Milch
frisch geriebene Muskatnuss

1 Für die gefüllten Zwiebeln die Zwiebeln schälen, halbieren und in der Mitte aushöhlen. Die äußeren drei Schichten sollten erhalten bleiben. Das Innere fein hacken. Etwas Öl in einer Pfanne erhitzen und die gehackten Zwiebeln darin glasig dünsten.

2 Die Kartoffel schälen, in etwa ½ cm große Würfel schneiden und zu den gehackten Zwiebeln geben. Die Petersilie dazugeben und gut durchschwenken. Die Zwiebel-Kartoffelmischung leicht mit Salz würzen, herausnehmen und auf Küchenpapier auskühlen lassen.

3 Den Backofen auf 160 °C vorheizen. Die Milch erwärmen. Das Brötchen in Würfel schneiden, mit der Milch übergießen, aufweichen und ausdrücken. Den Presssack in feine Würfel schneiden und mit dem Hackfleisch zum Brötchen geben. Das Ei hinzufügen und die Masse gut durchkneten. Die ausgekühlte Zwiebelmasse unterheben. Den Majoran waschen, trocken schütteln, Blättchen abzupfen, hacken und unter die Masse geben.

4 Die Masse in die Zwiebeln füllen, Weißbrotbrösel darüberstreuen und die Butterflocken daraufsetzen. Die Zwiebeln in eine gut gebutterte, ofenfeste Form geben und etwa 20 Minuten mit Alufolie bedeckt garen. Danach weitere 15 Minuten ohne Alufolie im Backofen garen.

5 Inzwischen für das Kartoffelpüree die Kartoffeln und die Petersilie waschen und in Salzwasser mit 1 Prise Kümmel weich garen. Die Kartoffeln abgießen, ausdampfen lassen, möglichst heiß schälen und durch eine Kartoffelpresse drücken. Die Butter mit einem Holzlöffel nach und nach unterrühren. Die Milch aufkochen und ebenfalls langsam unterrühren. Mit Salz und 1 Prise Muskatnuss abschmecken.

6 Jeweils 1 Nocke Kartoffelpüree auf Teller verteilen. Je 1 Zwiebel daraufsetzen und mit dem entstandenen Bratensaft beträufeln.

Carpaccio mit Kapern-Mayonnaise

FÜR 2 PERSONEN

Für die Mayonnaise:

1 sehr frisches Ei
1 sehr frisches Eigelb
1 EL Senf
200 ml Öl
1 EL Olivenöl
2 EL Kapern
Salz
Cayennepfeffer
Zucker
50 ml Kapernwasser

Für das Carpaccio:

100 g Rinderfilet
Olivenöl zum Bestreichen
Rucola zum Garnieren
Meersalz
Pfeffer aus der Mühle
abgeriebene Schale und Saft von 1 Bio-Limette

1 Für die Mayonnaise das Ei, das Eigelb, den Senf und das Öl in einen hohen Rührbecher geben und 10 Minuten stehen lassen, damit alle Zutaten dieselbe Temperatur annehmen.

2 Das Olivenöl in einem Topf erhitzen. Die Kapern darin frittieren, herausnehmen und auf Küchenpapier abtropfen lassen.

3 Den Inhalt des Rührbechers mit dem Stabmixer vorsichtig von unten nach oben ziehen, bis die Mayonnaise die gewünschte Konsistenz hat. Mit Salz, Cayennepfeffer und 1 Prise Zucker abschmecken. Das Kapernwasser vorsichtig untermixen. Die frittierten Kapern dazugeben und bei Bedarf nachwürzen.

4 Für das Carpaccio das Rinderfilet, falls nötig, von Fett und Sehnen befreien und in hauchdünne Scheiben schneiden. Portionsweise zwischen zwei Lagen mit Olivenöl bestrichener Frischhaltefolie verteilen und flach klopfen.

5 Den Rucola verlesen, waschen und trocken schleudern. Zwei Teller dünn mit etwas Olivenöl bestreichen und das Öl mit Meersalz, Pfeffer und Limettensaft würzen. Die Carpaccioscheiben darauf anrichten und mit Olivenöl bestreichen. Nochmals leicht mit Meersalz und Pfeffer würzen. Die Limettenschale und Mayonnaise locker darauf verteilen. Den Rucola darüberzupfen.

Nicht einfrieren!

Viele denken, dass das Rinderfilet für Carpaccio vorher eingefroren werden muss, damit es sich besser schneiden lässt. Das sollte man nicht tun, denn durch das Einfrieren bilden sich große Eiskristalle und das Fleisch verliert an Flüssigkeit und Geschmack!

Rote Bete in Salz mit Ziegenfrischkäse

FÜR 4 PERSONEN

Für die Roten Beten:
4 Rote Beten
4 TL Meersalz und
Meersalz zum Backen

Für den Ziegenfrischkäse:
200 g Ziegenfrischkäse
4 Radieschen
½ Salatgurke
1 Bund Schnittlauch
Meersalz
Pfeffer aus der Mühle
Gartenkresse zum Garnieren

1 Für die Roten Beten die ungeschälten Roten Beten einzeln mit 1 TL Meersalz in Alufolie einschlagen.

2 Den Backofen auf 180 °C vorheizen. Meersalz in einen flachen ofenfesten Topf füllen, die Roten Beten daraufsetzen, mit Meersalz bedecken und im Ofen je nach Größe etwa 1 Stunde garen. Sobald die Roten Beten weich sind, die Knollen aus der Alufolie wickeln und schälen, dabei am besten Einweghandschuhe tragen, da die Knollen stark abfärben.

3 Für den Ziegenfrischkäse den Frischkäse mit einem Holzlöffel leicht aufschlagen. Die Radieschen putzen, waschen und in feine Stifte schneiden. Die Gurke waschen und vierteln. Das Kerngehäuse herausschneiden und die Gurke in kleine Stücke schneiden. Den Schnittlauch waschen, trocken schütteln und in feine Röllchen schneiden.

4 Gurke, Schnittlauch und Radieschen zum Ziegenfrischkäse geben und gut vermischen.

5 Die Roten Beten vierteln, mit dem Ziegenfrischkäse auf Teller verteilen und mit Meersalz, Pfeffer und Kresse bestreut servieren.

Der Beste aus dem Piemont

Der Ziegenfrischkäse für dieses Rezept sollte cremig sein. Ich nehme sehr gerne einen Robiola di Capra aus dem Piemont.

Gebackener Presssack mit Sauce Tartare

FÜR 2 PERSONEN

Für die Sauce Tartare:

2 sehr frische Eigelb
1 TL Senf
1 Spritzer Essig
200 ml Öl
Salz · Pfeffer aus der Mühle
2 Sardellenfilets
4 Cornichons
2 hart gekochte Eier
10 Kapern
2 EL saure Sahne
1 Spritzer Zitronensaft
½ Bund Schnittlauch

Für den Presssack:

2 Eigelb
1 EL Sahne
4 Scheiben roter Presssack (à ca. 50 g)
Salz · Pfeffer aus der Mühle
100 g Mehl
100 g Weißbrotbrösel
2 große EL Butterschmalz
40 g kalte Butter

Außerdem:

100 g Feldsalat
2 EL Kürbiskernöl

1 Für die Sauce Tartare die Eigelbe, den Senf und den Essig in einen hohen Rührbecher geben. Mit dem Stabmixer vorsichtig von unten nach oben ziehen, bis die Sauce Tartare die gewünschte Konsistenz hat. Das Öl einfließen lassen und mit Salz und Pfeffer würzen.

2 Die Sardellen und die Cornichons fein hacken. Die Eier schälen, die Eiweiße und Eigelbe getrennt hacken. Sardellen, Cornichons, Eier, Kapern und saure Sahne unter die Mayonnaise rühren. Mit Salz, Pfeffer und Zitronensaft abschmecken. Den Schnittlauch waschen, trocken schütteln, in feine Röllchen schneiden und unter die Sauce ziehen. Die Sauce kühl stellen.

3 Für den Presssack die Eigelbe und die Sahne in einem tiefen Teller verquirlen. Den Presssack mit Salz und Pfeffer würzen. Das Mehl und die Weißbrotbrösel jeweils in einen tiefen Teller geben. Den Presssack zuerst im Mehl wenden, dann durch die Eiermischung ziehen und zuletzt locker in den Weißbrotbröseln wenden, dabei die Brösel nur leicht andrücken.

4 Das Butterschmalz in einer Pfanne erhitzen. Die Presssackschnitzel hineinlegen und die Pfanne immer wieder schwenken. Die Schnitzel wenden und die kalte Butter dazugeben. Immer wieder kräftig schwenken. Die Schnitzel herausnehmen und auf Küchenpapier abtropfen lassen.

5 Den Feldsalat verlesen, waschen und trocken schleudern. Mit dem Kürbiskernöl marinieren und auf Tellern anrichten. Die Schnitzel und die Sauce Tartare dazu anrichten, mit Salz und Pfeffer abschmecken.

Gelbe Linsensuppe mit Wachteln

1 Für die Suppe die Schalotte schälen und in feine Würfel schneiden. Den Speck in feine Würfel schneiden. Das Kräutersträußchen waschen und trocken schütteln. Die Korianderwurzeln putzen, waschen und fein reiben.

2 In einem Topf 2 EL Butter erhitzen. Die Schalottenwürfel und den Speck darin andünsten. Den Zucker dazugeben und karamellisieren. Mit dem Essig ablöschen. Die Linsen hinzufügen und 1 l Wasser angießen. Das Kräutersträußchen, die geriebenen Korianderwurzeln und den Galgant hinzufügen. Die Chilischote waschen, dazugeben und die Linsen etwa 20 Minuten sehr weich garen.

3 Inzwischen für die Wachteln die Wachtelbrustfilets waschen, trocken tupfen und mit Salz und Pfeffer würzen. Etwas Öl in einer Pfanne erhitzen und die Wachtelbrustfilets erst auf der Fleischseite anbraten, dann auf der Hautseite weiterbraten. Den Thymian waschen und trocken tupfen. Mit dem Knoblauch und der Butter zu den Wachteln geben. Etwa 5 Minuten garen, dabei immer wieder mit der entstandenen Flüssigkeit begießen.

4 Das Kräutersträußchen und die Chilischote aus der Suppe entfernen. Dic Linsen im Küchenmixer oder mit dem Stabmixer sehr fein pürieren. Die Suppe durch ein Sieb streichen und mit Fleur de Sel und Piment d'Espelette würzen. Die restliche Butter in die Suppe rühren.

5 Die Wachtelbrustfilets aus der Pfanne nehmen und auf Küchenpapier abtropfen lassen. Die Suppe auf tiefe Teller verteilen und mit je 1 Wachtelbrustfilet servieren.

FÜR 4 PERSONEN

Für die Suppe:

1 Schalotte (ca. 30 g)
30 g Speck
1 Kräutersträußchen (1 Zweig Thymian, 1 Stiel Petersilie, 5 Blättchen Koriander)
2 Korianderwurzeln
50 g Butter
1 EL Zucker
2–3 EL Essig
150 g gelbe Linsen
30 g Galgant (Gelbwurz; gerieben oder fein gehackt)
1 Chilischote
Fleur de Sel
Piment d'Espelette

Für die Wachteln:

4 Wachtelbrustfilets
Salz · Pfeffer aus der Mühle
Öl zum Braten
1 Zweig Thymian
1 Knoblauchzehe (angedrückt)
1 EL Butter

FÜR 4 PERSONEN

Salsiccia-Tomatensuppe mit Quarknockerl

Für die Quarknockerl:

35 g Butter
3 Eigelb
45 g geriebenes Weißbrot (ohne Rinde)
135 g Topfen (25 % Fett; ersatzweise Speisequark)
2 Basilikumblätter (gehackt)
1 Bio-Zitrone
Salz · Pfeffer aus der Mühle
frisch geriebene Muskatnuss

Für die Tomatensuppe:

1 Schalotte
1 Knoblauchzehe
1 Stück Knollensellerie
1 kleine Karotte
1 kg vollreife Tomaten oder geschälte Tomaten aus der Dose (Abtropfgewicht ca. 600 g)
40 g Salsiccia (ital. Bratwurst; mit Fenchel)
100 g Tomatenmark
1 EL Zucker
1 l Gemüsebrühe
1 Gewürzsäckchen (mit 1 Zweig Thymian, 1 Lorbeerblatt, 1 Gewürznelke und 3 Wacholderbeeren)
Salz · Cayennepfeffer
Pfeffer aus der Mühle
Olivenöl zum Beträufeln
Basilikum zum Garnieren

1 Für die Quarknockerl die Butter und die Eigelbe mit den Quirlen des Handrührgeräts schaumig schlagen. Das Weißbrot, den Topfen und die Basilikumblätter untermischen. Die Zitrone heiß waschen, trocken reiben und die Schale abreiben und zum Quark geben. Mit Salz, Pfeffer und Muskatnuss würzen und nochmals durchrühren. Die Masse etwa 3 Stunden an einem kühlen Ort ruhen lassen.

2 Für die Tomatensuppe die Schalotte, den Knoblauch, den Sellerie und die Karotte schälen bzw. putzen und in feine Würfel schneiden. Die frischen Tomaten waschen und vierteln, dabei die Stielansätze entfernen.

3 Die Salsiccia fein hacken, in einem Topf langsam anbraten und auslassen. Das Gemüse bis auf die Tomaten dazugeben und andünsten. Das Tomatenmark hinzufügen, kurz anbraten und mit dem Zucker karamellisieren. Die frischen Tomaten oder die Tomaten aus der Dose dazugeben und kräftig umrühren.

4 Mit der Brühe aufgießen, das Gewürzsäckchen dazugeben und alles etwa 30 Minuten köcheln lassen.

5 Die Suppe durch die flotte Lotte passieren und mit Salz, Cayennepfeffer und Pfeffer abschmecken. Warm halten.

6 In einem Topf Salzwasser aufkochen. Von der Quarkmasse Nockerl abstechen, ins Wasser geben und kurz aufkochen. Dann bei schwacher Hitze etwa 10 Minuten ziehen lassen.

7 Die Suppe auf tiefe Teller verteilen, mit etwas Olivenöl beträufeln und die Quarknockerl darauf anrichten. Mit Basilikum garnieren.

Sauerkrautsuppe mit Leberwurstravioli

1 Für die Sauerkrautsuppe den Sellerie putzen und waschen. Die Champignons putzen und, falls nötig, mit Küchenpapier trocken abreiben. Beides in etwa 1 cm große Würfel schneiden. Die Schalotten und den Knoblauch schälen und in Würfel schneiden.

2 Das Öl im Topf erhitzen und alles darin andünsten. Die Senfkörner und Pfefferkörner im Mörser andrücken, zum Gemüse geben und kurz mitdünsten. Mit dem Wein ablöschen und vollständig einkochen lassen.

3 Mit der Brühe aufgießen, Lorbeerblatt und die Sahne hinzufügen und die Flüssigkeit um ein Drittel reduzieren. Alles durch ein Sieb in einen Topf streichen und das Gemüse gut ausdrücken.

4 Das Sauerkraut zur Suppe geben, ein paar Minuten köcheln lassen und mit dem Stabmixer glatt pürieren. Nochmals aufkochen und mit Salz, Pfeffer und Cayennepfeffer abschmecken.

5 Für die Leberwurstravioli die Wan-Tan-Blätter einzeln auftauen lassen und auf der Arbeitsfläche ausbreiten. Die Ränder mit Eiweiß bestreichen. Die Leberwurstscheiben halbieren und je ½ Scheibe auf 1 Wan-Tan-Blatt legen. Die Teigblätter diagonal zusammenfalten und an den Rändern leicht andrücken.

6 In einem Topf Salzwasser aufkochen und die Ravioli dazugeben. Die Temperatur reduzieren und die Ravioli bei schwacher Hitze ziehen lassen, bis sie an die Oberfläche steigen.

7 Die Suppe in tiefen Tellern mit den Ravioli anrichten. Mit Schnittlauch und Petersilie garnieren.

FÜR 4 PERSONEN

Für die Sauerkrautsuppe:

50 g Staudensellerie
50 g Champignons
2 Schalotten
1 Knoblauchzehe
50 ml Öl
1 TL braune Senfkörner
5 schwarze Pfefferkörner
200 ml Weißwein
½ l Hühnerbrühe
½ Lorbeerblatt
500 g Sahne
300 g Sauerkraut (mild)
Salz · Pfeffer aus der Mühle
Cayennepfeffer

Für die Leberwurstravioli:

8 tiefgekühlte Wan-Tan-Blätter
Eiweiß zum Bestreichen
4 Scheiben Leberwurst (à etwa ½ cm dick)
Salz

Außerdem:

Schnittlauchröllchen und Petersilie zum Garnieren

MEINE REZEPTQUICKIES

Bratwurst-Tomaten-Bruschetta

½ **Baguette** in dünne Scheiben schneiden. Etwas **Olivenöl** in einer kleinen Pfanne erhitzen und die Brotscheiben darin mit **1 geschälten Knoblauchzehe** kräftig anbraten. Auf Küchenpapier abtropfen lassen.

6 Nürnberger Rostbratwürstchen in Scheiben schneiden. **10 Kirschtomaten** putzen und waschen. Beides in der Pfanne anbraten. Mit **50 ml Rotwein** ablöschen und so lange köcheln lassen, bis die Tomaten verkocht sind. Den Sugo auf den Brotscheiben anrichten, mit **kleinen Basilikumblättern** garnieren.

Mozzarella mit Anchovis und Kirschtomaten

Je 2 gelbe, orange und rote Kirschtomaten waschen und halbieren. **1 Büffelmozzarella** halbieren. **1 kleines Glas Kapern (in Salz)** in ein Sieb schütten und überschüssiges Salz abschütteln. Etwas **Öl** in einer Pfanne erhitzen und die Kapern darin frittieren. Herausnehmen und auf Küchenpapier abtropfen lassen.

Den Mozzarella auf einem tiefen Teller anrichten, mit **Olivenöl** beträufeln und **6 Anchovis** darauflegen. Die Tomaten mit **2 TL Weißweinessig** und Olivenöl marinieren und mit den Kapern mischen. Mit der Vinaigrette über den Mozzarella geben, mit **Pfeffer** würzen und mit **Estragonblättern** bestreuen.

Grüner Ziegenfrischkäse-Dip

150 g verschiedene Blattkräuter der Saison (z.B. Sauerampfer, Bärlauch, Petersilie, Kerbel, Basilikum) in kochendem **Salz**wasser blanchieren und in Eiswasser abschrecken.

Die Kräuter gut ausdrücken und mit **200 g Ziegenfrischkäse** und **50 g Spinat** in einen Küchenmixer geben. **100 ml Olivenöl** hinzufügen und alles fein pürieren.

Passt perfekt zu Spargel, rohem Gemüse als Dip und eignet sich auch als Brotaufstrich.

Wildgewürz

Für 1 kleines Glas **2 EL Pimentkörner, 2 EL weiße Pfefferkörner, 2 Lorbeerblätter, 4 Sternanise, 2 EL Korianderkörner, 1 Ceylon-Zimtstange, 10 Gewürznelken** und **1 EL Wacholderbeeren** in einer Pfanne ohne Fett anrösten. Herausnehmen und im Küchenmixer fein mahlen.

Das perfekte Gewürz für alle Wildsorten!

Brotsuppe mit Rindercarpaccio

FÜR 4 PERSONEN

Für das Carpaccio:

300 g Rinderlende (Roastbeef oder Hochrippe, gut durchwachsen)
Olivenöl
Meersalz
abgeriebene Schale von 1 Bio-Zitrone

Für die Brotsuppe:

250 g Zwiebeln
20 g Butter
1 EL Gänseschmalz
50 ml Weißwein
½ l Hühnerbrühe
1 Lorbeerblatt
1 Knoblauchzehe (angedrückt)
Salz · Pfeffer aus der Mühle
frisch geriebene Muskatnuss

Außerdem:

3–6 dünne Scheiben Bauernbrot (vom Vortag)
20 g Gänseschmalz
Salz
1 EL Petersilie (grob gehackt)

1 Für das Carpaccio das Fleisch, falls nötig, von Fett und Sehnen befreien und in hauchdünne Scheiben schneiden. Portionsweise zwischen zwei Lagen mit Olivenöl bestrichener Frischhaltefolie verteilen und flach klopfen. Mit Meersalz und Zitronenschale würzen.

2 Für die Brotsuppe die Zwiebeln schälen, halbieren und in feine Würfel schneiden. Die Butter und das Schmalz in einem breiten Topf erhitzen und die Zwiebeln darin bei mittlerer Hitze andünsten. Mit dem Wein ablöschen, einkochen lassen und mit der Brühe aufgießen. Lorbeerblatt und den Knoblauch dazugeben. Die Suppe bei schwacher Hitze 8 bis 10 Minuten sieden lassen.

3 Inzwischen die Brotscheiben in 4 bis 5 cm große Stücke schneiden. Das Gänseschmalz in einer kleinen Pfanne zerlassen und die Brotscheiben bei schwacher Hitze darin kross anbraten. Herausnehmen, auf Küchenpapier abtropfen lassen und leicht mit Salz würzen.

4 Die Suppe mit Salz, Pfeffer und Muskatnuss abschmecken. Lorbeerblatt und den Knoblauch wieder entfernen. Die Brot- und Carpaccioscheiben auf tiefe Teller verteilen und mit der Suppe aufgießen. Mit Petersilie bestreuen.

Oder lieber Filet?

Nicht jeder mag durchwachsenes Fleisch – Rinder- oder Kalbsfilet passen natürlich auch sehr gut.

HEIMAT SCHMECKT AM BESTEN

NUDELN, GEMÜSE & CO.

Hackfleisch-Nudelauflauf mit Büffelmozzarella

FÜR 4 PERSONEN

1 Zwiebel
1 Karotte
2 Stangen Staudensellerie
2 EL Öl
Meersalz
70 g Pancetta (ital. Speck)
30 g Tomatenmark
400 g Rinderhackfleisch
1 Dose geschälte San-Marzano-Tomaten (400 g)
100 ml Milch und Milch zum Binden
Pfeffer aus der Mühle
1 TL Speisestärke
180 g große Röhrchen-Nudeln (z.B. Mezzi Paccheri)
20 g Butter und etwas flüssige Butter für die Form
1 EL Weißbrotbrösel
100 g junger Spinat
frisch geriebene Muskatnuss
1 Büffelmozzarella
Basilikum zum Garnieren

1 Die Zwiebel und die Karotte schälen, halbieren und in Würfel schneiden. Den Sellerie putzen, waschen und in Würfel schneiden. Das Öl mit 1 Prise Meersalz in einem großen Topf erhitzen. Die Pancetta in feine Würfel schneiden und darin glasig andünsten. Die Zwiebel und den Sellerie dazugeben und mit andünsten, nach einigen Minuten die Karotte hinzufügen.

2 Das Tomatenmark dazugeben und kurz mitrösten. Das Hackfleisch hinzufügen und anbraten. Mit etwas warmem Wasser ablöschen. Die Dosentomaten in einem hohen Rührbecher mit dem Stabmixer pürieren und zum Hackfleisch geben. Die Milch hinzufügen und alles langsam 2 bis 3 Stunden köcheln lassen.

3 Das Ragout mit Salz und Pfeffer abschmecken. Die Speisestärke mit etwas Milch anrühren und das Ragout damit binden.

4 Die Nudeln in kochendem Salzwasser bissfest garen, in ein Sieb abgießen und kalt abschrecken.

5 Den Backofen auf 170 °C vorheizen. Eine ofenfeste Form (24 cm Durchmesser) mit Butter auspinseln und mit Weißbrotbröseln ausstreuen. Die Nudeln aufrecht in die Form stellen. Den Spinat verlesen, waschen und trocken schleudern. Den Spinat kurz in der Butter andünsten und mit Salz und Muskatnuss würzen. Herausnehmen und auf Küchenpapier abtropfen lassen.

6 Den Spinat unregelmäßig in die Nudeln füllen. Das Ragout auf den und in die Nudeln verteilen. Den Mozzarella in Scheiben schneiden und die Nudeln damit belegen. Mit Salz und Pfeffer würzen. Den Auflauf im Ofen etwa 35 Minuten backen.

7 Den Auflauf aus dem Ofen nehmen und mit etwas Basilikum bestreuen. Nach Belieben Pfeffer darübermahlen und den Auflauf in der Form servieren.

Nudelfleckerl mit Garnelen

FÜR 4 PERSONEN

16 Garnelen (ohne Kopf, mit Schale)
1 Schalotte
2 EL Butter
Olivenöl zum Braten
2 Knoblauchzehen (angedrückt)
100 ml Weißwein
½ Chilischote
1 Zweig Thymian
Salz
16 Lasagneplatten
8 kleine bunte Karotten mit Grün
2 Frühlingszwiebeln
ca. 20 Zuckerschoten
Pfeffer aus der Mühle
Cayennepfeffer
2 Stiele Basilikum

1 Die Garnelen schälen, am Rücken entlang einschneiden und den Darm entfernen, Garnelen waschen und trocken tupfen. Die Schalen waschen und abtropfen lassen.

2 Die Schalotte schälen und in feine Würfel schneiden. 1 EL Butter und etwas Olivenöl in einem Topf aufschäumen, Schalotte und Knoblauch darin kurz anrösten. Die Garnelenschalen dazugeben und anrösten. Mit dem Wein und der gleichen Menge Wasser ablöschen, Chilischote und Thymian putzen und waschen. Beides dazugeben und die Flüssigkeit sämig einkochen lassen. Danach durch ein Sieb streichen.

3 Salzwasser in einem ausreichend großen Topf aufkochen. Die Lasagneplatten grob brechen und in dem Wasser nach Packungsanweisung bissfest garen.

4 Inzwischen die Karotten putzen, schälen und der Länge nach halbieren. Die Frühlingszwiebeln putzen und waschen. Das Grün der Frühlingszwiebeln in Ringe schneiden. Das Weiße halbieren und mit den Karotten die letzten 2 Minuten im Kochwasser mit den Nudeln blanchieren.

5 Übrige Butter und etwas Olivenöl in einer Pfanne erhitzen. Die Garnelen darin anbraten und wieder herausnehmen. Die Zuckerschoten putzen, waschen und trocken tupfen. Die Schoten in feine Streifen schneiden und in der Pfanne andünsten. Mit Salz und Pfeffer würzen, mit dem Garnelensud aufgießen und die Flüssigkeit einkochen lassen.

6 Die Nudelplatten und das Gemüse aus dem Wasser nehmen, zu den Zuckerschoten geben und gut durchschwenken. Das Grün der Frühlingszwiebeln hinzufügen. Die Garnelen dazugeben und alles kräftig durchschwenken. Falls die Nudeln zu trocken sind, mit etwas Kochwasser aufgießen. Mit Salz, Pfeffer und Cayennepfeffer abschmecken. Die Nudelfleckerl auf Tellern anrichten und mit Basilikum garnieren.

Kürbis-Maultaschen mit Schmelzzwiebeln

1 Für die Maultaschen den Backofen auf 180 °C (Umluft) vorheizen. Den Kürbis halbieren, entkernen, schälen und in walnussgroße Würfel schneiden. In einen ofenfesten Topf geben und im Ofen zugedeckt 1 Stunde garen. Den Deckel entfernen und den Kürbis weitere 30 Minuten garen, bis er trocken ist.

2 Den Kürbis herausnehmen und im Küchenmixer oder mit dem Stabmixer pürieren, in ein Passiertuch geben und auspressen. Den Saft auffangen und beiseitestellen. Sollte der Kürbis noch feucht sein, auf ein mit Backpapier belegtes Backblech streichen und noch mal bei etwa 180 °C im Ofen 15 Minuten ausdampfen lassen. Die Masse mit Salz, Pfeffer und Muskatnuss würzen.

3 Inzwischen die Kartoffeln schälen, waschen und in Salzwasser weich garen. Durch eine Kartoffelpresse in eine Schüssel drücken und ausdampfen lassen. Die ausgekühlten Kartoffeln mit dem Mehl und dem Ei sowie 1 Prise Salz zu einem festen Teig verarbeiten. Bei Bedarf etwas Speisestärke und Mehl dazugeben.

4 Den Teig dünn zu einem Rechteck ausrollen. Die Kürbismasse auf den Teig streichen, dabei oben und unten etwa 5 cm frei lassen. Den Teig viermal zusammenfalten, sodass ein etwa 8 cm breiter Strudel entsteht. Die beiden Enden mithilfe eines Kochlöffelstiels zusammendrücken. Nun etwa alle 5 cm mit dem Stiel den Teig abdrücken und mit einem Messer durchschneiden.

5 Für die Schmelzzwiebeln den Backofen auf 160 °C vorheizen. Die Butter in einem Bräter erhitzen. Die Schalotten schälen, in Streifen schneiden und in der Butter andünsten. Die Äpfel schälen, entkernen, vierteln und in Scheiben schneiden. Zu den Zwiebeln geben und mit dem Kürbissaft ablöschen. Die Salbeiblätter waschen, trocken schütteln und hinzufügen. Die Maultaschen auf die Schalotten legen. Den Bräter abdecken und die Maultaschen im Ofen 40 Minuten schmoren.

6 Die Salbeiblätter in Öl frittieren. Die Maultaschen mit den geschmolzenen Schalotten und Äpfeln anrichten und mit den Salbeiblättern garnieren. Dazu passt wunderbar gehobelter Parmesan.

FÜR 4 PERSONEN

Für die Maultaschen:

2 ½ kg Muskatkürbis
Salz · Pfeffer aus der Mühle
frisch geriebene Muskatnuss
500 g mehligkochende Kartoffeln
150 g Mehl und Mehl zum Arbeiten
1 Ei
Speisestärke

Für die Schmelzzwiebeln:

100 g Butter
4 Schalotten
2 Äpfel
4 Salbeiblätter

Außerdem:

4 Salbeiblätter
Öl zum Braten

Kürbis-Risotto mit Mohnbutter

FÜR 2 PERSONEN

Für die Mohnbutter:
100 g Mohn (ersatzweise gemahlener Mohn)
5 Salbeiblätter
150 g Butter
Salz · Zucker
4 Salbeiblätter zum Garnieren

Für das Kürbis-Risotto:
1 Schalotte
2 EL Olivenöl
250 g Hokkaidokürbis (fein geraspelt)
240 g Carnaroli-Reis
1 TL Currypulver
100 ml Weißwein
1 l Gemüsebrühe
80 g kalte Butter
50 g geriebener Parmesan
Salz · Pfeffer aus der Mühle
Cayennepfeffer

1 Für die Mohnbutter den Mohn durch eine Mohnmühle drehen.

2 Für das Kürbis-Risotto die Schalotte schälen und in feine Würfel schneiden. Etwas Olivenöl in einer hohen Pfanne erhitzen. Die Schalotte mit dem geraspelten Kürbis darin andünsten. Erst den Reis, dann das Currypulver dazugeben und kurz mit anrösten. Mit dem Wein ablöschen und einkochen lassen.

3 Die Brühe aufkochen. Unter gelegentlichem Rühren etwas heiße Brühe zum Reis gießen und bei schwacher Hitze einkochen lassen. Den Vorgang wiederholen, bis der Reis weich und der Kürbis verkocht ist. Den Topf vom Herd nehmen. Erst die kalte Butter, dann den Parmesan unterrühren. Mit Salz, Pfeffer und Cayennepfeffer abschmecken.

4 Die Salbeiblätter waschen, trocken tupfen und nach Belieben klein zupfen. Die Butter in einer Pfanne aufschäumen und den Mohn darin kurz anrösten. Die Salbeiblätter dazugeben. Mit je 1 Prise Salz und Zucker würzen.

5 Den Risotto auf tiefen Tellern anrichten und mit der Mohnbutter übergießen. Mit den Salbeiblättern garnieren.

Mohn & Kürbiskerne

Es lohnt sich, den Mohn frisch zu mahlen, so schmeckt er um Längen besser. Wenn der Mohn durch eine Mühle gedreht wird, werden die Körner zerkleinert und weich, das Aroma entfaltet sich und man muss den Mohn nicht mehr so lange erhitzen. Wer keinen Mohn mag, kann stattdessen gerne Kürbiskerne nehmen. Diese dann hacken und danach wie mit dem Mohn verfahren. Wichtig ist, dass das Risotto die gleiche Temperatur wie die Brühe hat. So garen die Reiskörner gleichmäßig und das Risotto wird schön cremig.

Schuastafleckl mit Sauerkraut

FÜR 4 PERSONEN

Für das Sauerkraut:

25 g Grieben (Grammeln)
25 g Schmalz
20 g geräucherter Bauchspeck
25 g Zwiebel
1 mehligkochende Kartoffel (in Würfeln)
200 g Sauerkraut
100 ml Weißwein oder Apfelsaft
Gemüse- oder Hühnerbrühe (zum Aufgießen)

Für das Gewürzsäckchen:

2 Wacholderbeeren
½ TL ganzer Kümmel
1 Lorbeerblatt
3 schwarze Pfefferkörner
2 Gewürznelken

Für die Schuastafleckl:

500 g Kartoffeln (vorgegart, geschält)
75 g Mehl
1 TL Salz
Butterschmalz zum Braten

Außerdem:

Apfelmus (siehe Seite 122)

1 Für das Sauerkraut die Grieben und das Schmalz in einem Topf erhitzen. Den Speck und die Zwiebel dazugeben und andünsten. Die Kartoffel hinzufügen und kurz mit andünsten. Das Sauerkraut dazugeben und mit dem Wein oder Apfelsaft ablöschen.

2 Für das Gewürzsäckchen alle Gewürze in einen Einweg-Teebeutel geben und mit Küchengarn zubinden. Das Gewürzsäckchen zum Sauerkraut geben und mit der Brühe aufgießen, sodass das Sauerkraut leicht bedeckt ist. Das Sauerkraut etwa 40 Minuten offen weich garen, bis fast keine Flüssigkeit mehr vorhanden ist.

3 Inzwischen für die Schuastafleckl die Kartoffeln fein reiben. Das Mehl einarbeiten, mit Salz würzen und zu einem Teig verarbeiten. Aus dem Teig handtellergroße flache „Fleckl" formen. In einer Pfanne etwas Butterschmalz erhitzen und die „Fleckl" darin goldbraun braten.

4 Das Gewürzsäckchen aus dem Sauerkraut nehmen und die Schuastafleckl mit Sauerkraut und Apfelmus servieren.

Verfeinertes Sauerkraut

Schuastafleckl sind ein altes niederbayerisches Gericht, sozusagen eine vereinfachte Rösti mit gekochten Kartoffeln vom Vortag.
Ich gebe immer noch ein wenig Kartoffel mit in das Sauerkraut, weil es dann schön cremig wird. Mit extra Grieben schmeckt das Sauerkraut besser als mit fertig gekauftem Griebenschmalz, aber wenn Sie die nicht bekommen, können Sie einfaches Schmalz nehmen.

Rösti mit Rahmschwammerl

1 Für die Rösti den Backofen auf 200 °C vorheizen. Die Kartoffeln schälen, waschen und auf einer groben Reibe raspeln. Mit Salz und Muskatnuss würzen.

2 Etwas Öl in einer Pfanne erhitzen und die geriebenen Kartoffeln hineingeben. Festdrücken und kurz anbraten. Die kalte Butter hinzufügen und die Rösti im Ofen goldbraun backen.

3 Inzwischen für die Rahmschwammerl die Pfifferlinge und die Steinpilze putzen und mit Küchenpapier trocken reiben. Die Pilze in feine Scheiben schneiden. Die Schalotte schälen und in feine Würfel schneiden.

4 In einer Pfanne 1 EL kalte Butter erhitzen. Die Pilze und die Schalottenwürfel mit dem Knoblauch darin anbraten, leicht mit Salz würzen. Sobald die Pilze etwas Flüssigkeit abgeben, mit Essig ablöschen.

5 Die Brühe und die flüssige Sahne dazugeben. Die Pilze herausnehmen und warm stellen. Den Sud gut einkochen lassen, mit kalter Butter und mithilfe des Stabmixers abbinden.

6 Die Pilze und die Petersilie dazugeben und aufkochen. Die geschlagene Sahne unterheben. Mit Cayennepfeffer, Salz und Muskatnuss abschmecken.

7 Die Rösti aus dem Ofen nehmen, kurz auf der Herdplatte stehen lassen und wenden. Die Rösti knusprig braten. Die Rösti auf Teller verteilen und die Rahmschwammerl darübergeben.

FÜR 4 PERSONEN

Für die Rösti:

200 g festkochende Kartoffeln
Salz
frisch geriebene Muskatnuss
Öl zum Braten
25 g kalte Butter

Für die Rahmschwammerl:

250 g Pfifferlinge
250 g Steinpilze
1 Schalotte
2 EL kalte Butter
1 Knoblauchzehe (angedrückt)
Salz
1 Spritzer Essig
100 ml Gemüsebrühe
150 g flüssige Sahne und
1 EL geschlagene Sahne
1 EL Petersilie (gehackt)
Cayennepfeffer
frisch geriebene Muskatnuss

Großer Hunger?

Die Rösti reicht für 4 Personen als Vorspeise, für 2 Personen ist sie ein kleiner Hauptgang.

1 Zart spitzt der grüne Spargel aus dem Boden. Seine Geschmacksnote: nussig.
2 Grüner Spargel ist mittlerweile eine eigene Züchtung.
3 Bleichspargel darf beim Wachstum kein Licht sehen, sonst wird er blau oder lila.
4 Ganz schön anstrengend: Hans Jörg Bachmeier hat das Spargelstechen selbst ausprobiert.

Spargel ist echt spitze!

DER SPARGEL – EIN ECHTES HEIMATGEMÜSE!

„Der Spargel ist für mich ein Stück Heimat. Er ist gesund und bietet einem kreativen Koch unglaublich viele Möglichkeiten. Man kann ihn kochen oder roh essen, man kann ihn schmoren oder in der Folie garen – der Wahnsinn!“ Und so hat sich der Bachmeier nach Pörnbach aufgemacht, um selbst eines dieser Traditionsstangerl zu schneiden.

Spargelanbau in Bayern hat eine lange Tradition. Erstmals im Königlich Bayerischen Wochenblatt anno 1851 erwähnt, eroberte er von Schrobenhausen aus schnell die herrschaftliche Küche in München.
„Es gibt doch nix Schöneres, als sich im Frühjahr auf den Spargel zu freuen, auf diesen wunderbar mineralischen Geschmack“, meint Bachmeier. Und gesund ist er obendrein noch. „Spargel entwässert und spült die Einlagerungen aus, die der Körper im Winter angelegt hat.“ Dass man den Spargel zum Teil schon Ende Februar von beheizten Feldern haben kann, findet der Koch schade. „Ich koche am liebsten saisonal, denn da schmecken die Produkte am besten, auch der Spargel!“

Kirschen rot – Spargel tot

Denn eigentlich beginnt die Ernte erst Ende April und endet am Johannistag: Kirschen rot – Spargel tot, sagt der Spargelbauer dazu. Also am 24. Juni soll die Ernte abgeschlossen sein, damit der Wurzelstock, der tief in der Erde steckt, genügend Zeit hat, seinen Nährstoffvorrat für das nächste Frühjahr anzulegen. Der Spargel bleibt übrigens nur deshalb weiß, weil ihn die Hügelbeete vor Licht schützen. Würden sie das nicht tun, so würde er sich erst blau, dann violett und irgendwann mal grün färben. Bleichspargel und grüner Spargel sind heutzutage aber eigene Züchtungen. Und wie war es jetzt beim Spargelstechen? Bachmeier: „Das ist gar nicht so einfach, auch wenn man dafür ein spezielles Messer hat. Du musst in den Erdhaufen reingreifen und dann genau den Punkt erwischen, an dem der Schaft anfängt, und an der richtigen Stelle abschneiden. Und das Ganze immer in der Hocke. Respekt, wenn das einer den ganzen Tag macht.“

4

Spargel in Pergament

FÜR 4 PERSONEN

20 Stangen weißer Spargel (à ca. 20 mm Durchmesser)
8 Stangen grüner Spargel
4 Bärlauchblätter (ersatzweise Spinat)
2 Schalotten
8 Radieschen
120 g kalte Butterflöckchen
8 EL Olivenöl und Olivenöl zum Beträufeln
8 cl Sherry oder Apfelsaft
Salz · Zucker
abgeriebene Schale von 1 Bio-Zitrone
Parmesan zum Hobeln
Rosa Pfefferbeeren (nach Belieben)
Kerbel zum Garnieren

1 Den Backofen auf 180 °C vorheizen. Vier Bögen Pergamentpapier doppelt zu einem Rechteck formen. Den weißen Spargel schälen und holzige Enden abbrechen. Beim grünen Spargel nur das untere Drittel schälen und beide Spargelsorten auf die Bögen verteilen. Die Ränder der Bögen nach oben falten.

2 Den Bärlauch waschen, trocken tupfen und zum Spargel geben. Die Schalotten schälen und halbieren. Die Schalotten in einzelne Schichten zerteilen und zum Spargel geben. Die Radieschen putzen, waschen, halbieren und ebenfalls auf den Spargel legen.

3 Butterflöckchen, Olivenöl und Sherry oder Apfelsaft über den Spargel geben. Mit Salz und Zucker würzen. Das Pergamentpapier zu einem Päckchen falten, fest zusammendrücken und im Ofen etwa 20 Minuten garen.

4 Die Päckchen aus dem Ofen nehmen. Das Pergamentpapier öffnen, etwas Zitronenschale darübergeben und etwas Parmesan darüberhobeln. Nach Belieben die Rosa Pfefferbeeren in ein Sieb geben und durch vorsichtiges Drücken den Spargel mit dem Rosa Pfeffer bestreuen. Mit Kerbel garnieren und mit ein paar Tropfen Olivenöl beträufelt servieren. Dazu passen besonders gut La-Ratte- oder Grenaillekartoffeln.

Brezn-Gnocchi mit Schwarzgeräuchertem

1 Für die Brezn-Gnocchi die Laugenstangen in kleine Würfel schneiden und in eine Schüssel geben. Die Milch erhitzen und über die Würfel gießen, die Eier dazugeben. Alles gut durchrühren und etwa 20 Minuten ziehen lassen.

2 Den Käse fein reiben und mit der Brotmasse vermengen. Mit Salz, Pfeffer und Muskatnuss würzen. Falls die Masse zu feucht ist, Weißbrotbrösel dazugeben. Aus der Masse Rollen formen und etwa 1 cm dicke Scheiben abschneiden. Die Scheiben zu kleinen Kugeln rollen und zu Gnocchi formen.

3 Den Rucola verlesen, waschen und trocken schleudern, grobe Stiele entfernen.

4 Salzwasser in einem großen Topf aufkochen und die Gnocchi darin bei schwacher Hitze etwa 10 Minuten ziehen lassen.

5 Die Zwiebeln schälen, halbieren und in dünne Spalten schneiden. Die Butter in einer Pfanne erhitzen. Die Zwiebeln und die Schinkenscheiben darin kurz anbraten. Die Gnocchi aus dem Wasser nehmen und zur Schinkenbutter geben. Den Rucola hinzufügen und bei Bedarf mit etwas Kochwasser verdünnen. Die Gnocchi mit Pfeffer abschmecken.

6 Die Brezn-Gnocchi auf tiefen Tellern anrichten und mit dem Parmesan bestreuen. Ein paar Tropfen Olivenöl über die Gnocchi träufeln.

FÜR 4 PERSONEN

Für die Brezn-Gnocchi:

500 g Laugenstangen (ungesalzen)
300 ml Milch
3 Eier
300 g Allgäuer Bergkäse
Salz · Pfeffer aus der Mühle
frisch geriebene Muskatnuss
Weißbrotbrösel

Außerdem:

2 Bund Rucola
2 rote Zwiebeln
2 EL Butter
150 g Schwarzgeräuchertes (in dünnen Scheiben)
2 EL geriebener Parmesan
Olivenöl

Fleischlos glücklich

Für Vegetarier gibt es eine tolle Variante – einfach anstelle des Schwarzgeräucherten geröstete Walnüsse verwenden.

1 Blick hinab ins Tal: Die Staffelalm liegt auf 1320 Metern und ist in knapp zwei Stunden zu Fuß erreichbar.

2 Berühmt ist der Jachenauer Bergkäse. Erfunden hat ihn der Orterer Sepp, als Mitnehm-Andenken für die Touristen.

3 Und hier ist er, der Almbauer, den eine tierische Freundschaft mit seinen Rindviechern verbindet.

4 Wandgemälde von Franz Marc: Hier läuft die Hirschkuh dem Hirsch hinterher, in der Natur ist es genau andersherum.

5 Brotzeit ist die schönste Zeit, vor allem nach einem anstrengenden Aufstieg auf die Alm: Schnittlauchbrot, Schinken, Käse.

KUNST AUF DER ALM

„Ein Koch ist ein Handwerker mit kreativen Einflüssen. Da gibt's welche, die Blumenbeete auf den Teller malen. Ob das Kunst ist? Ich bin ein kreativer Handwerker", meint Bachmeier und nimmt uns mit auf eine Alm, wo das Handwerk und die Kunst daheim sind.

4

Abgesehen davon, dass die Staffelalm traumhaft oberhalb von Kochel liegt, direkt unter dem Rabenkopf – besonders macht sie das, was jahrzehntelang verborgen war unter drei Millimeter Kalkanstrich. Ein echtes Gemälde von Bayerns wohl bekanntestem Expressionisten, Franz Marc. Erst 1993 hat man es wiederentdeckt und fachmännisch freigelegt. „Schuld" daran ist der Großvater vom Orterer Sepp, dem Almbauern. Denn der erinnerte sich noch dran, dass neben dem schon bekannten Stierkopf in der Stube noch eine zweite Malerei existierte. Direkt neben der Kellerstiege. Und so kam sie wieder zum Vorschein: die Hirschkuh, die einem Hirsch hinterherläuft. Eine romantische Vorstellung, allerdings voll an der Wirklichkeit der Natur vorbei. Franz Marc verbrachte zwischen 1900 und 1914 hier oben viel Zeit. Die einen sagen: Er hat sich von der Landschaft inspirieren lassen, die anderen meinen, es wäre die Sennerin gewesen. Die betreut wie eh und je eine Herde Rindviecher, allerdings keine Milchkühe mehr, sondern nur noch Weidevieh. Die Alm gehört zum Anwesen vom Orterer Sepp, der unten in der Jachenau einen Bauernhof hat, der schon über 500 Jahre seiner Familie gehört. Und deshalb weiß er auch, dass das mit der Sennerin und dem Maler eher eine Erfindung ist. Wenn auch eine nette. Denn Franz Marc war mit dem Senner befreundet, weiß der Orterer. Für Bachmeier ist die Alm ein Stück Heimat. „Heimat ist da, wo es mir am besten schmeckt. Ob am Meer oder im Gebirge. Am Meer mag ich die absolute Frische der Produkte, in den Bergen die Ursprünglichkeit. Und die Sennerin ist auch wichtig. Sie sorgt für das richtige Ambiente." Das verbindet den Koch wiederum mit dem Künstler.

5

Überbackene Grießnockerl auf Tomatensauce

FÜR 2 PERSONEN

Für die Tomatensauce:

1 Schalotte
1 Knoblauchzehe
2 EL Öl
1 TL Zucker
350 g passierte Tomaten
1 Stiel Petersilie
1 kleine Chilischote
Salz · Pfeffer aus der Mühle
etwas Olivenöl

Für die Grießnockerl:

100 g weiche Butter
2 Eier
200 g Hartweizengrieß
Salz · Pfeffer aus der Mühle
frisch geriebene Muskatnuss

Außerdem:

50 g flüssige Butter
geriebener Parmesan
Basilikum zum Garnieren

1 Für die Tomatensauce die Schalotte und den Knoblauch schälen und in feine Würfel schneiden. Das Öl in einem Topf erhitzen und die Schalotte darin andünsten, den Knoblauch hinzufügen. Den Zucker dazugeben und leicht karamellisieren. Mit den passierten Tomaten ablöschen und etwa 100 ml Wasser dazugießen. Die Petersilie und die Chilischote waschen und trocken tupfen. Beides in die Sauce geben und etwa 30 Minuten köcheln lassen.

2 Inzwischen für die Grießnockerl die Butter in einer Schüssel mit den Quirlen des Handrührgeräts schaumig rühren. Die Eier und den Grieß unterrühren und die Masse mit Salz, Pfeffer und Muskatnuss würzen.

3 In einem großen Topf Wasser mit Salz und Muskatnuss aufkochen. Aus der Grießmasse mit angefeuchteten Teelöffeln gleich große Portionen abstechen und zu länglichen Nockerln formen. Nach und nach die Grießnockerl in das heiße Wasser geben und etwa 5 Minuten garen. Dann bei schwacher Hitze etwa 15 Minuten ziehen lassen.

4 Die Grießnockerl aus dem Wasser nehmen, auf einem Schaumlöffel abtropfen lassen und auf Küchenpapier abkühlen lassen.

5 Den Backofen auf 200 °C vorheizen. Die Petersilie, die Chilischote und den Knoblauch aus der Sauce nehmen. Die Sauce mit Salz, Pfeffer und Olivenöl abschmecken. Die Tomatensauce in eine ofenfeste Form geben und die Grießnockerl daraufsetzen. Mit etwas flüssiger Butter bepinseln und mit Parmesan bestreuen.

6 Die Grießnockerl im Ofen etwa 20 Minuten goldbraun backen. Mit den Basilikumblättern garnieren.

Rote-Bete-Knödel mit Käsesauce

FÜR 4 PERSONEN

Für die Rote-Bete-Knödel:

1 Schalotte
2 EL Butter
1 Knoblauchzehe (angedrückt)
200 g Roten Beten (vorgegart und vakuumiert)
250 g Knödelbrot (altbackene Brötchen; in ca. ½ bis 1 cm kleinen Würfeln)
etwas Milch
etwas Mehl
3 Eier
Salz · Pfeffer aus der Mühle
½ TL gemahlener Kümmel
50 g Allgäuer Bergkäse

Für die Käsesauce:

200 g Sahne
200 g milder Gorgonzola
Pfeffer aus der Mühle

Außerdem:

Schnittlauch und Kresse zum Garnieren
Parmesanspäne (nach Belieben)

1 Für die Rote-Bete-Knödel die Schalotte schälen und in feine Würfel schneiden. In einer Pfanne 1 EL Butter erhitzen. Die Schalotten- und die Knoblauchwürfel darin kurz andünsten und vom Herd nehmen. Die Roten Beten grob hacken, dabei am besten Einweghandschuhe tragen, da die Knollen stark abfärben.

2 Das Knödelbrot in eine Schüssel geben und mit wenig Milch übergießen. Die Schalotten- und Knoblauchwürfel, die Roten Beten, etwas Mehl und die Eier zum Knödelbrot geben, mit Salz, Pfeffer und Kümmel würzen und gut durchmischen. Die Masse durch die feine Scheibe des Fleischwolfs drehen oder im Küchenmixer pürieren. Ist die Knödelmasse zu trocken, etwas Milch hinzufügen, ist sie zu feucht, etwas Mehl untermengen. Mindestens 15 Minuten im Kühlschrank ruhen lassen, damit das Brot gleichmäßig feucht wird.

3 Den Käse grob reiben und unter den Teig kneten. Salzwasser in einem großen Topf erhitzen. Mit angefeuchteten Händen Knödel formen und etwa 15 Minuten im Salzwasser leicht köcheln lassen. Die Knödel mit dem Schaumlöffel aus dem Wasser nehmen und abtropfen lassen. Die restliche Butter in einer Pfanne erhitzen und die Knödel darin durchschwenken.

4 Für die Käsesauce die Sahne erwärmen, den Gorgonzola einrühren und mit Pfeffer abschmecken. Den Schnittlauch waschen, trocken schütteln und in feine Röllchen schneiden.

5 Die Rote-Bete-Knödel auf Tellern anrichten und die Käsesauce darübergeben. Mit Schnittlauch, Kresse und nach Belieben mit Parmesanspänen garnieren.

HEIMAT SCHMECKT AM BESTEN

FISCH & MEERESFRÜCHTE

Kabeljau mit Currykraut

FÜR 2 PERSONEN

½ Spitzkraut
½ Stängel Zitronengras
2 Kabeljaufilets (à ca. 120 g; mit Haut)
Salz · Pfeffer aus der Mühle
1 TL scharfes Currypulver (z.B. Jaipur-Curry)
½ Chilischote
Öl zum Braten
200 ml Kokosmilch
Koriander zum Garnieren

1 Vom Kraut die äußeren Blätter entfernen, das Kraut halbieren, den harten Strunk entfernen und halbieren. Vom Zitronengras die welken Außenblätter und die obere, trockene Hälfte entfernen. Zitronengras flach klopfen. Die Kabeljaufilets waschen und trocken tupfen. Den Fisch mit Salz und Pfeffer und die Hautseite mit Currypulver würzen. Die Chilischote waschen und trocken tupfen.

2 Etwas Öl in einem Schmortopf erhitzen. Den Fisch darin auf der Hautseite kräftig anbraten. Den Fisch herausnehmen. Die Krautstücke im Bratfett kräftig anbraten. Zitronengras und Chilischote in den Topf geben und alles mit der Kokosmilch ablöschen.

3 Das Spitzkraut mit geschlossenem Deckel 5 Minuten schmoren. Den Fisch wieder auf das Kraut legen und weitere 10 Minuten schmoren.

4 Den Kabeljau und das Currykraut aus dem Topf nehmen und auf tiefen Tellern anrichten. Die Curry-Kokosmilchsauce mit Salz und Pfeffer abschmecken und den Fisch damit umgießen. Mit den Korianderblättern garnieren.

Abgerundetes Aroma

Der Vorteil von diesem Gericht ist, dass alles in einem Topf geschmort wird und so eine tolle geschmackliche Harmonie ergibt. Das Currykraut schmeckt auch wunderbar mit Zander oder Hecht.

Gefüllte Kartoffel mit Saibling

FÜR 4 PERSONEN

2 große festkochende Kartoffeln
2 EL Butter und Butter zum Einfetten
Salz
1 Kohlrabi
2 EL Apfel- oder Obstessig
1 TL süßer Senf
Zucker
2 Saiblingsfilets
Pfeffer aus der Mühle
1 EL saure Sahne
Cayennepfeffer
1 Frühlingszwiebel (in Ringen)
1 Stück frischer Meerrettich

1 Den Backofen auf 200 °C vorheizen. Die Kartoffeln mit der Schale gründlich waschen und einzeln mit jeweils etwas Butter und Salz in Alufolie wickeln. Auf einem Blech im Ofen etwa 40 Minuten weich garen.

2 Die Kartoffeln aus dem Ofen nehmen, auswickeln und ausdampfen lassen. Kartoffeln halbieren und mit einem Löffel vorsichtig aushöhlen. Das Innere der Kartoffeln im Ofen warm halten.

3 Den Kohlrabi putzen, schälen und in feine Streifen oder mit einem Spiralschneider zu Spaghetti schneiden. Mit dem Essig, dem Senf, etwas Salz und Zucker würzen.

4 Die Saiblingsfilets waschen und trocken tupfen. Einen ofenfesten großen Teller mit Butter bestreichen, mit Salz und Pfeffer bestreuen. Die Fischfilets darauflegen und mit Frischhaltefolie bedecken.

5 Den Backofen auf 80 °C vorheizen. Den Saibling mit der Folie auf dem Teller im Ofen etwa 15 Minuten garen (die Garzeit kommt auf die Dicke des Fisches an. Es können auch 20 bis 25 Minuten sein). Der Fisch ist fertig, sobald er auf leichten Druck etwas nachgibt.

6 Die Saiblingsfilets aus dem Ofen nehmen, in mundgerechte Stücke zupfen und mit den Kartoffelstückchen aus dem Ofen und der sauren Sahne mischen. Mit Salz und Cayennepfeffer abschmecken. Die Kartoffeln damit füllen. Den Kohlrabi mithilfe einer Gabel aufrollen und auf die Kartoffeln legen. Mit Frühlingszwiebelringen und geriebenem Meerrettich garnieren.

Pochierte Forelle mit Pfifferlingssalat

1 Für den Pfifferlingssalat die Pfifferlinge putzen und waschen. Je nach Größe halbieren.

2 Die Kartoffel schälen, waschen und in 1 cm dicke Scheiben schneiden. Mit dem Sparschäler ohne abzusetzen immer entlang des Scheibenrandes schälen, sodass eine lange Kartoffelnudel entsteht. Reichlich Öl in einem großen Topf auf 130 °C erhitzen. Die Kartoffelnudel(n) darin kurz vorbacken, herausnehmen und auf Küchenpapier abtropfen lassen. Nun das Öl auf 170 °C erhitzen und die Kartoffelnudel(n) darin goldbraun frittieren. Mit dem Schaumlöffel herausnehmen und auf Küchenpapier abtropfen lassen.

3 Die Radieschen putzen, waschen und in dünne Scheiben schneiden oder hobeln. Die Schalotte schälen und in feine Würfel schneiden. Die Petersilie waschen und trocken schütteln, die Blätter abzupfen und fein hacken. Den Schnittlauch waschen, trocken schütteln und in Röllchen schneiden.

4 Die Butter in einer Pfanne erhitzen. Die Schalottenwürfel und den Knoblauch darin andünsten. Die Pfifferlinge dazugeben, leicht mit Salz und Zucker würzen und mit dem Essig ablöschen. Den Fond oder die Brühe dazugießen und bei schwacher Hitze köcheln lassen.

5 Für die pochierte Forelle die Filets waschen, trocken tupfen und mit Meersalz würzen. Mit der Hautseite nach oben in den Pfifferlingsfond legen und bei schwacher Hitze ziehen lassen. Immer wieder mit dem Fond übergießen.

6 Sobald sich die Haut vom Fisch leicht lösen lässt, ist der Fisch gar. Die Forelle auf Tellern anrichten. Mit Meersalz und Pfeffer abschmecken und das Olivenöl darüberträufeln. Petersilie und Schnittlauch zu den Pfifferlingen geben. Die Pilze über den Fisch geben. Mit Kartoffelnudel(n) und Radieschenscheiben garnieren.

FÜR 4 PERSONEN

Für den Pfifferlingssalat:

400 g Pfifferlinge
1 große mehligkochende Kartoffel
Öl zum Frittieren
4 Radieschen
1 Schalotte
½ Bund Petersilie
½ Bund Schnittlauch
2 EL Butter
1 Knoblauchzehe (angedrückt)
Salz
Zucker
1 EL Weißweinessig
100 ml Fischfond oder Gemüsebrühe

Für die pochierte Forelle:

4 Forellenfilets (mit Haut)
Meersalz
Pfeffer aus der Mühle
2 EL Olivenöl

Fischstäbchen mit Mayonnaise

FÜR 4 PERSONEN

Für die Fischstäbchen:

500 g Seeteufelfilet
Salz · Pfeffer aus der Mühle
2 Eigelb
1 EL Sahne
100 g Mehl
100 g Weißbrotbrösel
2 große EL Butterschmalz
40 g kalte Butter
Saft von ½ Zitrone
1 kleines Bund Petersilie
Öl zum Braten

Für die Zitronen-Mayonnaise:

1 sehr frisches Ei
1 sehr frisches Eigelb
1 EL Senf
2 Anchovis (fein gehackt)
200 ml Öl
Salz
1 Msp. Cayennepfeffer
abgeriebene Schale und Saft von 1 Bio-Zitrone

1 Für die Fischstäbchen den Seeteufel waschen, trocken tupfen, längs in Scheiben und dann in etwa 10 cm lange und 1 cm breite Streifen schneiden. Den Seeteufel mit Salz und Pfeffer würzen.

2 Die Eigelbe und die Sahne in einem tiefen Teller verquirlen. Das Mehl und die Weißbrotbrösel jeweils in einen tiefen Teller geben. Den Seeteufel zuerst im Mehl wenden, dann durch die Eiermischung ziehen und zuletzt locker in den Weißbrotbröseln wenden, dabei die Brösel nur leicht andrücken. Kühl stellen.

3 Für die Mayonnaise das Ei, das Eigelb, den Senf, die Anchovis, das Öl, 1 Prise Salz und den Cayennepfeffer in einen hohen Rührbecher geben und 10 Minuten stehen lassen, damit alle Zutaten dieselbe Temperatur annehmen. Zitronenschale und -saft dazugeben. Mit dem Stabmixer vorsichtig von unten nach oben ziehen, bis die Mayonnaise die gewünschte Konsistenz hat. Bei Bedarf nochmals abschmecken. Kühl stellen.

4 Das Butterschmalz in einer Pfanne erhitzen. Die Seeteufelstreifen darin anbraten und unter Schwenken immer wieder wenden. Die kalte Butter dazugeben und den Fisch goldgelb backen.

5 Den Seeteufel mit dem Schaumlöffel aus der Pfanne nehmen und auf Küchenpapier abtropfen lassen. Mit Salz und Pfeffer würzen und mit dem Zitronensaft beträufeln.

6 Die Petersilie waschen und trocken schleudern. In einer weiteren Pfanne das Öl erhitzen. Die Petersilie darin kurz frittieren, herausnehmen und mit Salz würzen.

7 Die Zitronen-Mayonnaise in Schälchen füllen. Den Fisch auf Teller verteilen. Die frittierte Petersilie auf die Fischstäbchen legen und servieren.

Zander in der Salzkruste mit grüner Sauce

FÜR 4 PERSONEN

Für den Zander:

je 2 Stiele Basilikum, Kerbel und Petersilie
4 Zweige Thymian
2 Zweige Rosmarin
1 Zander (ca. 1,2 kg; küchenfertig)
Pfeffer aus der Mühle
1 Knoblauchzehe (angedrückt)
2 kg Meersalz
ca. 4 Eiweiß
100 g Mehl
50 g Speisestärke

Für das Kohlrabi-Kartoffelgratin:

je 2 vorwiegend festkochende Kartoffeln und Kohlrabi (ungefähr die gleiche Menge Kohlrabi und Kartoffeln)
1 Knoblauchzehe
1 EL Butter
Salz · Pfeffer aus der Mühle
frisch geriebene Muskatnuss
200 g Sahne

Für die grüne Sauce:

50 g Sauerampfer
50 g Brunnenkresse
50 g Petersilie
250 g griechischer Joghurt
Zitronensaft · Salz

1 Für den Zander die Kräuter waschen und trocken schütteln. Den Zander innen und außen waschen, trocken tupfen und mit Pfeffer würzen. Basilikum, Kerbel, Petersilie und 2 Zweige Thymian mit dem Knoblauch in die Bauchhöhle legen. Für die Salzkruste das Meersalz mit den Eiweißen, dem Mehl und der Speisestärke verrühren. Vom restlichen Thymian und von 1 Rosmarinzweig die Blättchen abstreifen und untermischen.

2 Den Backofen auf 230 °C vorheizen. Ein Backblech mit Alufolie belegen und darauf aus der Meersalzmischung ein etwa 1 cm hohes Bett in Größe des Fisches formen. Den Fisch darauflegen, mit dem restlichen Meersalz bedecken und in Form bringen. In Höhe der Rückenflosse den übrigen Rosmarinzweig in das Salz stecken. Den Fisch im Ofen auf der mittleren Schiene 40 bis 45 Minuten garen.

3 Inzwischen für das Gratin die Kartoffeln schälen, waschen. Die Kohlrabi putzen und schälen. Beides in feine Scheiben schneiden oder hobeln. Eine Kokotte oder eine kleine ofenfeste Form mit dem halbierten Knoblauch einreiben und mit der Butter einfetten. Die Kartoffeln und die Kohlrabi abwechselnd in die Form schichten und mit Salz, Pfeffer und Muskatnuss würzen. Die Sahne angießen und alles kurz aufkochen lassen. Vom Herd nehmen, zum Zander in den Ofen stellen und 25 Minuten goldbraun backen (falls Sie das Gratin extra zubereiten, reicht auch eine Temperatur von etwa 200 °C).

4 Für die grüne Sauce Sauerampfer, Brunnenkresse und Petersilie waschen, trocken schütteln und mit dem Joghurt im Küchenmixer fein pürieren. Mit Zitronensaft und Salz würzen. Den Fisch herausnehmen, die Salzkruste aufbrechen und den Zander filetieren.
Die Zanderstücke mit dem Gratin und der grünen Sauce servieren.

Der Trick mit dem Zweig

Der Rosmarinzweig markiert das dickste Stück des Fisches. Um festzustellen, ob der Fisch gar ist, mit dem Stiel einer Gabel oder eines Löffels in Höhe des Zweiges vorsichtig durch das Salz stechen. Sobald der Kontakt mit dem Fisch da ist und sich der Stiel ohne großen Widerstand in Richtung Gräte durchschieben lässt, ist der Fisch fertig.

1

2

3

DAS GELOBTE LAND LIEGT AUF DEM SEE

„Ich finde es großartig, dass so eine Tradition wie das Fischen noch am Leben erhalten wird. Und so schad, dass es keine Nachfolger gibt. Wenn Traditionen sterben, dann stirbt auch ein Stück Heimat.“ Der Bachmeier hat einen der letzten Fischer vom Ammersee, den Rauch Simon, in seiner malerischen Hütte besucht.

4

5

Ein Leben mit der Sonne

Er hat einen biblischen Beruf und auch sein langer grauer Bart könnte einem der Gelehrten aus dem Alten Testament gehören. Simon Rauch ist Fischer, aber sein gelobtes Land liegt nicht auf hoher See, sondern auf dem Ammersee. Über 700 Jahre lang legt seine Familie schon von Dießen ab und wirft draußen die Netze aus. Und der „Gaugg“, wie Rauch von den Einheimischen genannt wird, kann auch im stattlichen Alter von weit über 70 nicht davonlassen. Selbst im Winter fährt er raus, heutzutage aber mit dem Motorboot. Im Sommer fängt er Renken, im Herbst Hecht und Zander. Von seiner Frau geräuchert, gehen sie vorwiegend an Stammkunden oder an die vielen Spaziergänger, die sich die Delikatessen mitnehmen. Schon als Sechsjähriger ist er mit seinem Onkel bei Sonnenaufgang in See gestochen. Die Netze kontrollieren und leeren. Dann werden die Fische ausgenommen, geschuppt und filetiert – und am Nachmittag Netze und Reusen ausgebessert. Noch vor Sonnenuntergang müssen sie nämlich wieder raus zu den Fangplätzen. Und so ein Leben führt der Gaugg auch heute noch: immer auf der Sonnenseite. Heimischen Fisch schätzt Bachmeier sehr, „weil er einen feinen Geschmack hat, aber auch der Seefisch ist nicht zu verachten, wenn man mehr Substanz haben will.“ Bachmeier: „Es braucht beide, wenn man wissen will, wie gut die Heimat schmeckt, dann muss man auch mal auswärts essen.“

1 In einem harten Winter freuen sich auch die Möwen über ein Stück Brot.
2 Mit Netzen wird am Ammersee gefischt.
3 Der Königsfisch: Ludwig II. liebte Hecht am liebsten auf Kraut.
4 Kurz nach Sonnenaufgang kontrolliert Simon Rauch die Netze.
5 Ein Fischer hat nie Schonzeit: Reusen und Netze müssen überprüft und repariert werden.

Seeteufel mit Spinat-Gnocchi

FÜR 4 PERSONEN

Für die Spinat-Gnocchi:

200 g Blattspinat
600 g mehligkochende Kartoffeln
1 Eigelb
75 g Speisestärke
75 g Mehl
Salz
frisch geriebene Muskatnuss

Für den Seeteufel:

2 Tomaten
2 Schalotten
12 Champignons
24 Miesmuscheln (küchenfertig)
30 g kalte Butter
100 ml Weißwein
4 Stücke vom Seeteufelfilet (à 150 g)
Olivenöl zum Braten
je 1 Zweig Rosmarin und Thymian
1 Knoblauchzehe
Meersalz
Pfeffer aus der Mühle
40 g schwarze Taggiasca-Oliven (ohne Stein)
1 kleines Bund Petersilie (fein gehackt)

1 Für die Spinat-Gnocchi den Spinat verlesen, waschen und grobe Stiele entfernen. Den Spinat im Küchenmixer mit Wasser aufgießen und fein pürieren. Durch ein Sieb in einen Topf gießen und aufkochen. Das Spinatwasser durch ein Filterpapier gießen. Die im Filter zurückbleibende Spinatpaste auf Küchenpapier streichen.

2 Den Backofen auf 180 °C vorheizen. Die Kartoffeln waschen und im Ofen etwa 45 Minuten weich garen. Möglichst heiß schälen und durch eine Kartoffelpresse in eine Schüssel drücken. Eigelb, Speisestärke, Mehl und Spinatpaste dazugeben und kräftig verkneten. Mit Salz und Muskatnuss würzen. Den Teig aufteilen und erst zu fingerdicken Rollen formen, dann kleine Stücke abstechen und mithilfe einer Gabel zu Gnocchi formen. Die Gnocchi in kochendem Salzwasser etwa 2 Minuten garen, dann bei schwacher Hitze ziehen lassen, bis sie oben schwimmen. Aus dem Wasser nehmen, kurz in Eiswasser abschrecken und auf Küchenpapier abtropfen lassen. 16 Gnocchi beiseitestellen, den Rest anderweitig verwenden.

3 Für den Seeteufel die Tomaten kreuzweise einritzen, mit kochendem Wasser für ein paar Sekunden überbrühen, kalt abschrecken, häuten, vierteln und entkernen. Das Tomatenfleisch in ½ cm große Filets schneiden. Die Schalotten schälen und in feine Würfel schneiden. Die Pilze putzen, falls nötig, trocken reiben, und den Stiel direkt an der Kappe abschneiden. Die Muscheln unter fließendem kaltem Wasser gründlich säubern. Die Butter in einem Topf erhitzen. Die Schalotten und die Pilze darin andünsten. Mit dem Wein ablöschen. Die Muscheln dazugeben und zugedeckt garen, bis sie sich öffnen. Muscheln und Pilze herausnehmen und beiseitestellen.

4 Den Seeteufel waschen und trocken tupfen. Olivenöl in einer Pfanne erhitzen und den Fisch darin rundum kräftig anbraten. Die Kräuter und den Knoblauch dazugeben und mit kalter Butter aufschäumen lassen. Den Seeteufel mit Meersalz und Pfeffer würzen, mit Kräuterbutter zum Muschelsud geben und zugedeckt etwa 8 Minuten ziehen lassen.

5 Tomaten, Oliven, Gnocchi, Petersilie sowie die Muscheln und Pilze dazugeben und kurz erwärmen. Mit Olivenöl, Salz und Pfeffer abschmecken. Den Seeteufel auf tiefe Teller verteilen und mit dem Muschelsud beträufeln. Gnocchi und Champignons darauf verteilen.

HEIMAT SCHMECKT AM BESTEN

FLEISCH, GEFLÜGEL & WILD

Geschmorter Hendl-Reissalat

FÜR 4 PERSONEN

1 Hähnchen (ca. 1,2–1,4 kg)
Salz · Pfeffer aus der Mühle
2 Schalotten
150 g Karotten
150 g Knollensellerie
2 EL Butter
1 EL Olivenöl
1 Knoblauchzehe (angedrückt)
1 TL Ras el-Hanout
2 EL Currypulver
400 g Langkornreis
1 Lorbeerblatt
2 Tomaten
2 Stangen Staudensellerie
2 Frühlingszwiebeln
3 EL saure Sahne
1 TL Paprikapulver (edelsüß)
2 EL Olivenöl
Estragon- oder Weißweinessig
Piment d'Espelette
je 1 EL gehackte Kräuter (Liebstöckel, Minze und Petersilie)
Radieschen zum Garnieren

1 Den Backofen auf 180 °C vorheizen. Das Hähnchen mit Knochen in 8 Teile zerlegen, waschen, trocken tupfen und mit Salz und Pfeffer würzen. Die Schalotten schälen und in feine Würfel schneiden. Die Karotten und den Sellerie putzen, schälen und halbieren. In etwa ½ cm dicke Scheiben und dann in Würfel schneiden.

2 Die Butter in einem ofenfesten Topf erhitzen. Das Olivenöl dazugeben. Die Schalotten und den Knoblauch darin andünsten. Die Karotten, den Sellerie, Ras el-Hanout und das Currypulver hinzufügen und mitdünsten. Den Reis und das Lorbeerblatt zum Gemüse geben und ebenfalls kurz mitdünsten. Mit 800 ml Wasser ablöschen und umrühren. Die Hähnchenteile in den Topf legen, mit einem Deckel verschließen und im Ofen etwa 35 Minuten garen.

3 Inzwischen die Tomaten kreuzweise einritzen, mit kochendem Wasser etwa 5 Sekunden überbrühen, herausnehmen und kalt abschrecken. Das heiße Wasser aufbewahren. Die Tomaten häuten, vierteln, entkernen und in Würfel schneiden. Den Sellerie putzen, waschen und in Würfel schneiden. Kurz in dem Tomatenwasser blanchieren und in Eiswasser abschrecken. Die Frühlingszwiebeln putzen, waschen und in Ringe schneiden.

4 Den Reis aus dem Ofen nehmen, die Hähnchenstücke aus dem Topf nehmen und kurz abkühlen lassen. Die Haut abziehen, fein hacken und beiseitelegen. Tomaten, Frühlingszwiebeln und Sellerie vorsichtig unter den Reis heben. Das Hähnchenfleisch von den Knochen zupfen, grob schneiden und mit saurer Sahne und Paprikapulver vermengen. Mit Salz und Pfeffer abschmecken. Das Fleisch locker unter den Reis mischen.

5 Das Olivenöl in einer Pfanne erhitzen und die fein gehackte Haut darin knusprig braten. Das Öl durch ein Sieb gießen und zum Reis geben. Die Haut auf Küchenpapier abtropfen lassen und mit Salz würzen.

6 Den Reis auf Schüsseln verteilen, mit etwas Essig beträufeln und mit Piment d'Espelette, der knusprigen Haut und Kräutern bestreuen. Nach Belieben mit halbierten Radieschenscheiben garnieren.

Zitronen-Hendl mit Schalotten

FÜR 4 PERSONEN

1 Stängel Zitronengras
1 kleines Bund Liebstöckel
8 kleine Kartoffeln
Salz
1 Bauernhähnchen
(ca. 1,3–1,5 kg)
Öl zum Braten
3 Bio-Zitronen
1 Knoblauchknolle
6 Schalotten
200 ml Weißwein
Meersalz
2 Frühlingszwiebeln
Butter
1 Zweig Rosmarin
2 EL Kapern (in Salz)
1 Bund Petersilie
1 EL Pfeffer aus der Mühle

1 Vom Zitronengras die welken Außenblätter und die obere, trockene Hälfte entfernen und die untere Hälfte flach klopfen. Den Liebstöckel waschen. Die Kartoffeln mit der Schale gründlich waschen und in Salzwasser mit Zitronengras und Liebstöckel etwa 5 Minuten garen. Kartoffeln abgießen, ausdampfen lassen, möglichst heiß schälen.

2 Das Hähnchen waschen und trocken tupfen. Vom Hähnchen erst die Keulen, dann die Brustfilets auslösen. Von den Keulen die Oberschenkelknochen herauslösen. Die verbliebenen Knochen und die Karkasse mit den Flügeln klein hacken und in etwas Öl in einem Topf anrösten. 1 Zitrone heiß abwaschen. Die Knoblauchknolle quer halbieren. 2 Schalotten mit Schale und die Zitrone ebenfalls halbieren und mit ½ Knoblauchknolle zu den Knochen geben. Mit dem Wein ablöschen und mit Wasser bedecken. Etwa 20 Minuten köcheln lassen.

3 Öl in einem Schmortopf erhitzen, die Brustfilets und die Keulen auf den Hautseiten anbraten. Auf der Fleischseite leicht mit Meersalz würzen. Alle Stücke wenden, kurz weiterbraten, aus dem Topf nehmen.

4 Die restlichen Zitronen heiß waschen und trocken reiben, in etwa 1 cm dicke Scheiben schneiden und im Schmortopf mit dem Hähnchenbratfett auf beiden Seiten anbraten. Mit Meersalz würzen. Die zweite Hälfte der Knoblauchknolle dazugeben und mitbraten.

5 Restliche Schalotten schälen und vierteln. Die Frühlingszwiebeln putzen, waschen, die Knollen vom grünen Teil abschneiden und halbieren, das dunkle Grün in Ringe schneiden. Etwas Butter in einer Pfanne erhitzen. Die Kartoffeln darin anbraten, Schalotten und Frühlingszwiebelknollen hinzufügen. Alles in den Schmortopf geben. Den Knochenfond durch ein Sieb gießen, das Kartoffelgemüse damit ablöschen und die Keulen dazugeben. Die Kapern und den Rosmarin hinzufügen. Etwa 20 Minuten zugedeckt schmoren. Dann die Brustfilets dazugeben und weitere 15 Minuten zugedeckt schmoren.

6 Die Hähnchenstücke aus dem Topf nehmen. Petersilie waschen, trocken schütteln und grob hacken. Mit Frühlingszwiebelringen in den Topf geben und mit dem Fond aufkochen. Mit Pfeffer abschmecken. Brustfilets und Keulen halbieren, je 1 Stück Keule und Brust auf Teller verteilen. Mit den Zitronen, Kartoffeln, Frühlingszwiebeln und Schalotten servieren.

Geschmortes Paprika-Hendl

FÜR 2 PERSONEN

2 rote Paprikaschoten
2 festkochende Kartoffeln
4 Champignons
4 kleine Zwiebeln
2 Keulen von der Freiland-poularde
Salz · Pfeffer aus der Mühle
Mehl
2 EL Paprikapulver (edelsüß)
50 g Butter
2 EL Olivenöl
1 Knoblauchzehe (angedrückt)
1 TL Tomatenmark
100 ml Weißwein
200 ml Hühnerbrühe
1 Kräutersträußchen (Thymian, Rosmarin, Petersilie, Lorbeerblatt)
Rosmarin und Basilikum zum Garnieren

1 Die Paprikaschoten putzen, längs halbieren, entkernen, waschen und in Streifen schneiden. Die Kartoffeln schälen, waschen und vierteln. Die Pilze putzen, falls nötig, mit Küchenpapier abreiben und den Stiel entfernen. Die Zwiebeln schälen.

2 Die Hähnchenkeulen in 2 Teile zerlegen, waschen und trocken tupfen. Mit Salz und Pfeffer würzen. Leicht mit Mehl und Paprikapulver bestäuben. Die Butter und das Olivenöl in einem Schmortopf erhitzen und die Keulen darin anbraten.

3 Die Zwiebeln, die Paprikastreifen, die Kartoffeln sowie den Knoblauch zu den Poulardenkeulen geben und anbraten. Das Tomatenmark hinzufügen und leicht anrösten.

4 Mit dem Wein und der Brühe ablöschen. Das Kräutersträußchen waschen, trocken schütteln und dazugeben. Alles mit geschlossenem Deckel bei mittlerer Hitze etwa 40 Minuten schmoren.

5 Die Hähnchenkeulen und das Gemüse auf Teller verteilen und mit Rosmarin und Basilikum garnieren.

Ein ganzes Huhn

Natürlich können Sie für dieses Rezept auch ein ganzes Hähnchen zubereiten: Dafür zerlegen Sie es wie das Zitronen-Hendl auf Seite 86 und bereiten es zu wie oben beschrieben – die Hähnchenbrüste kommen aber erst nach 20 Minuten in den Weinsud.

Schweinefilet im Blätterteig

1 Für das Schweinefilet das Fleisch, falls nötig, von Fett und Sehnen befreien. Filetkopf und -spitzen in feine Würfel schneiden und zum Brät in eine Schüssel geben. Ist das Brät zu fest, mit 2 EL Sahne geschmeidig rühren. Das Schweinefilet mit Salz und Pfeffer würzen. Etwas Öl in einer Pfanne erhitzen und das Schweinefilet darin rundum anbraten. Herausnehmen und auskühlen lassen.

2 Das Brät zwischen zwei Bögen Frischhaltefolie etwa ½ cm dick und auf den doppelten Radius des Filets ausrollen. Die obere Folie entfernen. Das Filet auf das Brät legen und mithilfe der Folie einwickeln. Das Fleisch in der Folie mit einem Bogen Alufolie umwickeln, an beiden Enden kräftig einrollen und verschließen.

3 Einen großen Topf mit Wasser füllen und aufkochen. Das Schweinefilet mit der Alufolie hineinlegen und noch mal aufkochen. Dann die Temperatur um die Hälfte reduzieren. Das Fleisch etwa 35 Minuten ziehen lassen. Inzwischen den Blätterteig auftauen lassen.

4 Das Fleisch aus dem Wasser nehmen und etwa 5 Minuten in Eiswasser legen. Auswickeln und auf Küchenpapier abtropfen lassen.

5 Den Backofen auf 210 °C vorheizen. Den Blätterteig ausrollen. Das Schweinefilet darauflegen, einrollen, den Teig an beiden Enden einschlagen. Das Fleisch auf ein mit Backpapier belegtes Backblech legen. Das Eigelb mit der übrigen Sahne verrühren und den Teig damit bestreichen. Das Filet im Ofen 20 Minuten backen.

6 Inzwischen für den Rahmwirsing den Wirsing putzen, waschen, vierteln und den harten Strunk entfernen. Die einzelnen Blätter in kochendem Salzwasser blanchieren, herausnehmen und in Eiswasser abschrecken. Die Blätter übereinanderlegen und fein hacken.

7 Die Butter in einem Topf aufschäumen. Den Speck und die Schalotten darin anbraten. Die Sahne angießen. Den Wirsing gut ausdrücken, dazugeben und cremig einkochen lassen. Mit Salz, Pfeffer und Muskatnuss würzen.

8 Das Fleisch aus dem Ofen nehmen und etwa 5 Minuten ruhen lassen. Den Rahmwirsing auf Teller verteilen. Das Fleisch in Scheiben schneiden und auf dem Wirsing anrichten.

FÜR 4 PERSONEN

Für das Schweinefilet:

500 g Schweinefilet
250 g Schweinewurstbrät
3 EL Sahne
Salz · Pfeffer aus der Mühle
Öl zum Braten
1 Rolle Blätterteig (300 g; aus dem Kühlregal)
1 Eigelb

Für den Rahmwirsing:

1 junger Wirsing
Salz
30 g Butter
50 g geräucherter Bauchspeck
2 Schalotten (geschält und in Streifen geschnitten)
250 g Sahne
Pfeffer aus der Mühle
frisch geriebene Muskatnuss

Schweinefilet in Currysauce und Pommes macaire

FÜR 4 PERSONEN

Für die Pommes macaire:

600 g mehligkochende Kartoffeln
1 Ei
75 g Speisestärke
75 g Mehl
50 g weiche Butter
4 Scheiben Frühstücksspeck
1 Schalotte
1 EL Öl
2 EL Petersilie (gehackt)
2 EL Butterschmalz

Für das Schweinefilet:

Salz
1 säuerlicher Apfel
1 rote Zwiebel
4 Schweinemedaillons (à 80 g)
Pfeffer aus der Mühle
1 EL Mehl
Öl zum Braten
1 EL kalte Butter
1 TL Currypulver
4 cl Calvados
100 ml Apfelsaft
2 EL geschlagene Sahne
Estragon zum Garnieren

1 Für die Pommes macaire den Backofen auf 150 °C vorheizen. Die Kartoffeln mit der Schale gründlich waschen und im Ofen etwa 1 Stunde weich garen. Noch heiß schälen und durch eine Kartoffelpresse in eine Schüssel drücken. Das Ei, die Speisestärke, das Mehl und die weiche Butter dazugeben und kräftig verkneten.

2 Den Speck im Tiefkühlfach anfrieren, bis er fest ist. Erst in Streifen, dann in feine Würfel schneiden. Die Schalotte schälen und ebenfalls in feine Würfel schneiden. Das Öl in einer Pfanne erhitzen und die Speckwürfel darin auslassen. Die Schalotte dazugeben und glasig dünsten. Die Petersilie dazugeben und kurz mitdünsten. Die Schalotte und den Speck durch ein Sieb streichen. Zur Kartoffelmasse geben und kräftig durchrühren. Den Kartoffelteig zu einer Rolle formen und in etwa 1 cm dicke Scheiben schneiden. Kühl stellen.

3 Für das Schweinefilet 100 ml Wasser mit 1 Prise Salz verrühren und kurz stehen lassen. Den Apfel schälen, achteln, das Kerngehäuse entfernen und den Apfel kurz in das Salzwasser tauchen. Die Zwiebel schälen, halbieren und in Streifen schneiden.

4 Die Schweinemedaillons mit Salz und Pfeffer würzen und im Mehl wenden. Etwas Öl in einer Pfanne erhitzen und die Schweinemedaillons darin rundum etwa 1 Minute anbraten. Die Medaillons aus der Pfanne nehmen und warm stellen.

5 Die kalte Butter in die Pfanne geben. Apfelspalten und Zwiebelstreifen darin anbraten. Mit dem Currypulver bestäuben und mit Calvados ablöschen. Den Apfelsaft dazugeben und sämig einkochen lassen.

6 Inzwischen das Butterschmalz in einer weiteren Pfanne erhitzen und die Kartoffelscheiben darin auf beiden Seiten goldgelb braten.

7 Die Apfelspalten aus der Pfanne nehmen und das Fleisch hineinlegen. Die Sahne dazugeben, mit Salz und Pfeffer würzen. Die Apfelspalten wieder dazugeben und erwärmen.

8 Das Fleisch mit den Kartoffeln auf Teller verteilen, mit den Apfelspalten und der Currysauce anrichten. Mit Estragon garnieren.

Glasierter Schweinebauch mit Bohnensalat

1 Für den Schweinebauch zweierlei Pfefferkörner mit Meersalz, Kümmel, Majoran und Knoblauch im Mörser zu einer feinen Paste zerstoßen. Die Schweineschwarte rautenförmig einschneiden, mit der Gewürzpaste einreiben und Zitronenschale darübergeben. 6 bis 8 Stunden an einem kühlen Ort (nicht im Kühlschrank) marinieren.

2 Die Karotten und den Sellerie putzen, schälen und in walnussgroße Würfel schneiden. Die Zwiebeln schälen und ebenfalls in grobe Würfel schneiden. Den Lauch putzen, längs halbieren, waschen und in grobe Würfel schneiden.

3 Den Schweinebauch mit dem Gemüse in einen Topf geben und gut mit Wasser bedecken. Das Lorbeerblatt hinzufügen und aufkochen. Den Essig dazugeben und das Fleisch zugedeckt bei mittlerer Hitze 2 bis 3 Stunden weich garen.

4 Den Rettich putzen, waschen, schälen und am Stück zum Schweinebauch geben. Etwa 30 Minuten mitköcheln lassen, dann aus dem Sud nehmen. Sobald der Schweinebauch weich ist, das Fleisch aus dem Sud nehmen. Den Sud durch ein Sieb gießen, bei Bedarf mit Salz, Pfeffer und Essig abschmecken und um etwa ein Drittel einkochen.

5 Für den Bohnensalat die Bohnen putzen, in Streifen schneiden und in kochendem Salzwasser bissfest blanchieren. In Eiswasser abschrecken. Die Schalotte schälen und in feine Streifen schneiden. In 2 EL Olivenöl glasig andünsten, mit 4 EL Sud ablöschen. Senf unterrühren und das restliche Olivenöl dazugeben. Mit Essig, Salz, Pfeffer und 1 Prise Zucker abschmecken und das Dressing lauwarm über die Bohnen geben.

6 Den Schweinebauch und den Rettich in ½ cm dicke Scheiben schneiden. Den Zucker in einer Pfanne schmelzen, den Schweinebauch und den Rettich darin rundum leicht karamellisieren und mit etwas Sud ablöschen.

7 Die Frühlingszwiebeln waschen, putzen und in Ringe schneiden. Schweinebauch und Rettich auf tiefen Tellern anrichten, mit Salz abschmecken. Den Bohnensalat daraufsetzen. Frühlingszwiebeln über das Fleisch streuen und kräftig Meerrettich darüberhobeln.

FÜR 6 PERSONEN

Für den Schweinebauch:

je 1 EL weiße und schwarze Pfefferkörner
2 EL grobes Meersalz
1 EL ganzer Kümmel
1 Stiel Majoran
2 Knoblauchzehen
2 kg Schweinebauch
abgeriebene Schale von 1 Bio-Zitrone
2 Karotten
¼ Knollensellerie
3 Zwiebeln
½ Stange Lauch
1 großes Lorbeerblatt
200 ml Essig und Essig zum Abschmecken
½ Stange weißer Rettich
Salz · Pfeffer aus der Mühle
50 g Zucker

Für den Bohnensalat:

100 g breite Bohnen
Salz
1 Schalotte
4–6 EL Olivenöl
2 TL Dijon-Senf
2 EL Sherry-Essig
Pfeffer aus der Mühle
Zucker

Außerdem:

1 Bund Frühlingszwiebeln
1 Stück frischer Meerrettich

Bierbratl mit Laugensauce und Schmorzwiebeln

FÜR 4 PERSONEN

1 kg Schweinebauch
Öl · Salz
4 kleine Kartoffeln
je 1 gelbe, orange und lila Karotte
1 Petersilienwurzel
Meersalz
4 kleine Zwiebeln
4 Lorbeerblätter
100 g Honig
1 Sternanis
1 TL Korianderkörner
200 ml dunkles Bier
Pfeffer aus der Mühle
1 Laugenstange

1 Den Backofen auf 160 °C (Umluft) vorheizen. Den Schweinebauch mit Öl einreiben, mit Salz würzen und auf ein Ofengitter setzen. Eine ofenfeste Form mit Wasser füllen und unter das Gitter stellen. Den Schweinebauch im Ofen auf der mittleren Schiene 1½ bis 2 Stunden garen.

2 Nach etwa der Hälfte der Zeit die Kartoffeln, die Karotten und die Petersilienwurzel putzen, gründlich waschen, längs halbieren und mit Meersalz würzen. Zusammen mit den ungeschälten Zwiebeln und den Lorbeerblättern auf ein weiteres Blech legen und unter den Schweinebauch in den Ofen stellen.

3 Den Honig mit Sternanis und Korianderkörnern erhitzen. Das Bier dazugeben und einkochen lassen. Mit Pfeffer würzen.

4 Sobald der Schweinebauch fertig ist, das Gemüse herausnehmen und warm stellen. Den Backofengrill einschalten. Die Kruste mit der Honigglasur einstreichen und kurz grillen. Den Saucenansatz aus dem Ofen nehmen, durch ein Sieb in einen hohen Topf streichen und einkochen lassen. Die Laugenstange in 5 cm große Stücke schneiden, zur Sauce geben und ziehen lassen.

5 Das Gemüse auf Tellern anrichten. Die Laugensauce darübergeben. Vom Bierbratl Scheiben abschneiden und je 2 Scheiben darauflegen. Mit den Lorbeerblättern garnieren.

Besonders knusprig

So bekommt Ihr Braten eine tolle Kruste: 1½ kg Schweinebauch 16 bis 24 Stunden vor der Zubereitung im Kühlschrank offen ruhen lassen, damit die Haut austrocknet.
Den Backofen auf 180 °C vorheizen. Die Schweinebauchschwarte mit einer Nadel im Abstand von 1 bis 2 cm einstechen und mit Meersalz einreiben. Das Fleisch in Alufolie wickeln, die Schwarte darf dabei nicht bedeckt sein. Den Schweinebauch im Ofen 2 Stunden garen. Nach 1 Stunde die Schwarte rautenförmig einschneiden und den Schweinebauch fertig garen, bis die Kruste knusprig ist.

Linsen-Würstelgulasch mit Debreczinern

FÜR 2 PERSONEN

Für das Gulasch:

200 g Berglinsen
1 kleine Zwiebel
3 EL kalte Butter
50 g durchwachsener Räucherspeck
1 Lorbeerblatt
1 Knoblauchzehe (angedrückt)
20 g Knollensellerie
20 g Karotte
1 EL Zucker
1 EL Tomatenmark
750 ml Hühnerbrühe
100 g festkochende Kartoffel
20 g Lauch
1 TL Paprikapulver (edelsüß)
1 TL Dijon-Senf
2–3 EL Essiggurkenwasser

Für die Einlage:

2 Debrecziner
2 Wiener Würstchen
je 1 Stiel Majoran und Liebstöckel
1 EL Butter
2 EL Schnittlauchröllchen
Salz · Pfeffer aus der Mühle

1 Für das Gulasch die Linsen waschen und abtropfen lassen. Die Zwiebel schälen und in feine Würfel schneiden. 2 EL Butter in einem Topf erhitzen. Die Zwiebelwürfel mit dem Speck und den Linsen darin andünsten. Das Lorbeerblatt und den Knoblauch dazugeben. Den Sellerie und die Karotte putzen, schälen und in etwa ½ cm große Würfel schneiden. Beides zu den Linsen geben und ebenfalls mit andünsten. Mit dem Zucker karamellisieren, das Tomatenmark dazugeben und mit der Brühe aufgießen. Alles aufkochen und bei schwacher Hitze etwa 40 Minuten weich garen, bis die Flüssigkeit fast verkocht ist.

2 Inzwischen die Kartoffel schälen, waschen und in etwa 1 cm große Würfel schneiden. Nach etwa 20 Minuten zu den Linsen geben und mitköcheln lassen. Den Lauch putzen, waschen und in etwa ½ cm große Würfel schneiden. Kurz vor Ende der Garzeit den Lauch dazugeben, das Lorbeerblatt und den Knoblauch herausnehmen. Mit Paprikapulver abschmecken. Mit Senf und Essiggurkenwasser verfeinern und die restliche kalte Butter einrühren.

3 Für die Einlage die Debrecziner und die Wiener Würstchen in etwa 1 cm große Stücke schneiden. Den Majoran und den Liebstöckel waschen und trocken tupfen. Etwas Butter in einer Pfanne erhitzen. Die Würste darin kurz anbraten, Majoran und Liebstöckel dazugeben.

4 Die Linsen auf Teller verteilen, die Debrecziner und Wiener darauf anrichten und die Schnittlauchröllchen darüberstreuen. Mit Pfeffer und bei Bedarf mit Salz nachwürzen.

Cordon bleu vom Kalb mit Röstkartoffeln

1 Für das Cordon bleu das Fleisch zwischen zwei Lagen Frischhaltefolie flach klopfen. Mit Salz und Pfeffer würzen.

2 Den Käse mit dem Schinken umwickeln und auf das Fleisch legen, einrollen und gut festdrücken oder mit einem Zahnstocher fixieren. Das Fleisch soll aussehen wie eine Roulade.

3 Das Eigelb und die Sahne in einem tiefen Teller verquirlen. Das Mehl und die Weißbrotbrösel jeweils in einen tiefen Teller geben. Das Cordon bleu zuerst im Mehl wenden, dann durch die Eiermischung ziehen und zuletzt locker in den Weißbrotbröseln wenden, dabei die Brösel nur leicht andrücken.

4 Für die Röstkartoffeln die Kartoffeln in feine Scheiben schneiden. Das Butterschmalz in einer Pfanne erhitzen und die Kartoffeln darin anbraten. Mit Kümmel, Salz und Pfeffer würzen. Die Frühlingszwiebel putzen, waschen und in feine Ringe schneiden. Wenn die Kartoffeln eine schöne Farbe angenommen haben, die kalte Butter zu den Kartoffeln geben. Die Frühlingszwiebelröllchen darüberstreuen.

5 Das Butterschmalz in einer Pfanne erhitzen. Das Cordon bleu darin rundum anbraten. Dabei die Pfanne schwenken. Das Fleisch immer wieder wenden, die kalte Butter dazugeben und kräftig schwenken, bis die Kruste goldbraun ist. Das Cordon bleu herausnehmen, kurz auf Küchenpapier abtropfen lassen, aufschneiden und mit den Röstkartoffeln servieren.

FÜR 2 PERSONEN

Für das Cordon bleu:

2 Scheiben Kalbsrücken (à 150 g)
Salz · Pfeffer aus der Mühle
2 Scheiben Gruyère (à 30 g)
2 Scheiben Kochschinken
1 Eigelb
1 TL Sahne
100 g Mehl
100 g Weißbrotbrösel
2 große EL Butterschmalz
40 g kalte Butter

Für die Röstkartoffeln:

400 g festkochende Kartoffeln (vorgegart und geschält; am besten „Linda“)
2 EL Butterschmalz
gemahlener Kümmel
Salz · Pfeffer aus der Mühle
1 Frühlingszwiebel
1 EL kalte Butter

Gefüllte Schnitzel mit Pilz-Tagliatelle

FÜR 2 PERSONEN

2 Kalbsschnitzel (à 120 g; aus der Oberschale)
6 Stangen grüner Spargel
Salz · Pfeffer aus der Mühle
Mehl
Öl zum Braten
1 EL Olivenöl
200 g Steinpilze
1 Schalotte
1 EL Butter
1 Knoblauchzehe (angedrückt)
1 Bund Petersilie
Cayennepfeffer
200 g Sahne
1 TL Sojasauce
100 g Tagliatelle

1 Die Kalbsschnitzel zwischen zwei Lagen Frischhaltefolie vorsichtig flach klopfen. Den Spargel waschen, im unteren Drittel schälen und die holzigen Enden abbrechen. Etwa 3 Minuten in kochendem Salzwasser blanchieren und in Eiswasser abschrecken. Herausnehmen und auf Küchenpapier abtropfen lassen.

2 Den Backofen auf 180 °C vorheizen. Die Schnitzel mit Salz und Pfeffer würzen. Den Spargel in die Schnitzel einrollen, mit einem Zahnstocher fixieren und das Fleisch leicht mit Mehl bestäuben.

3 Etwas Öl in einer Pfanne erhitzen. Die Rouladen darin rundum anbraten und in eine ofenfeste Form legen. Mit dem Olivenöl beträufeln und im Ofen etwa 15 Minuten garen. Die Schnitzel immer wieder wenden.

4 Inzwischen die Steinpilze putzen, falls nötig, mit Küchenpapier abreiben und in Scheiben schneiden. Die Schalotte schälen und in feine Würfel schneiden. Etwas Öl und die Butter in einer Pfanne erhitzen und die Schalotte darin andünsten. Knoblauch und Steinpilze dazugeben. Petersilie waschen, trocken schütteln, die Blättchen hacken und hinzufügen. Mit Salz, Cayennepfeffer und Pfeffer würzen. Mit der Sahne ablöschen und die Sojasauce dazugeben.

5 Die Tagliatelle in einem großen Topf in kochendem Salzwasser nach Packungsanweisung bissfest garen und zur Pilzsauce geben. Kräftig durchschwenken und bei Bedarf abschmecken.

6 Die Schnitzel aus dem Ofen nehmen, kurz ruhen lassen. Den Holzspieß aus dem Fleisch nehmen und die Rouladen halbieren. Den Knoblauch aus der Pilzsauce nehmen. Die Tagliatelle mit den Pilzen auf Tellern anrichten. Die gefüllten Schnitzel daraufsetzen.

Kalbshaxenscheiben mit Tellerzwiebeln

1 Die Zwiebeln schälen. Die Pilze putzen, falls nötig, mit Küchenpapier abreiben und die Stiele abschneiden. Den Sellerie putzen, waschen und in etwa 5 cm große Stücke schneiden.

2 50 g Butter mit dem Olivenöl in einem Schmortopf erhitzen. Die Kalbshaxenscheiben waschen, trocken tupfen, mit Salz und Pfeffer würzen und im Mehl wenden. Die Fleischstücke rundum anbraten. Sobald das Fleisch schön braun ist, aus dem Topf nehmen und beiseitestellen.

3 In dem Topf die Zwiebeln, die Pilze und den Sellerie kräftig anbraten und wieder herausnehmen.

4 Den Thymian und den Rosmarin waschen und trocken tupfen. Das Fleisch mit Knoblauch, Lorbeerblatt, Thymian und Rosmarin wieder in den Topf geben. Mit dem Wein ablöschen und kaltes Wasser angießen, sodass das Fleisch leicht bedeckt ist. Mit geschlossenem Deckel bei mittlerer Hitze etwa 1 Stunde schmoren. Gelegentlich wenden und bei Bedarf noch etwas Wasser angießen.

5 Nach 1 Stunde das Gemüse und die Pilze dazugeben und etwa weitere 30 Minuten schmoren. Die Kapern und die Zitronenschale hinzufügen. Die Petersilie waschen und trocken schütteln, die Blätter abzupfen und grob hacken. Die Petersilie mit den Oliven dazugeben und noch mal kurz aufkochen.

6 Die Pappardelle in kochendem Salzwasser nach Packungsanweisung bissfest garen. Etwas Kalbshaxenfond mit der restlichen Butter in eine Pfanne geben. Die Nudeln aus dem Kochwasser direkt dazugeben und die Flüssigkeit einkochen lassen.

7 Die Nudeln mithilfe einer Gabel aufrollen und auf tiefe Teller verteilen. Die Kalbshaxenscheiben und das Gemüse dazu anrichten und den Fond angießen.

FÜR 4 PERSONEN

8 flache Zwiebeln
8 Champignons
2 Stangen Staudensellerie
60 g Butter
3 EL Olivenöl
4 Kalbshaxenscheiben
Salz · Pfeffer aus der Mühle
Mehl
je 1 Zweig Thymian und Rosmarin
2 Knoblauchzehen
1 Lorbeerblatt
100 ml Weißwein
2 EL Kapern (in Salz)
abgeriebene Schale von 1 Bio-Zitrone
1 kleines Bund Petersilie
2 EL Oliven (am besten Taggiasca)
200 g Pappardelle

Zwiebelrostbraten aus der Pfanne

FÜR 2 PERSONEN

Für die Röstzwiebeln:

1 Zwiebel
20 g Mehl
2 TL Paprikapulver (edelsüß)
Öl zum Frittieren
Salz
1 Bund Petersilie

Für den Kartoffelstampf:

200 g mehligkochende Kartoffeln
Salz
4 EL kalte Butter
frisch geriebene Muskatnuss

Für den Rostbraten:

Öl zum Braten
2 Rinderlendensteaks (à 150 g)
Mehl
Salz · Pfeffer aus der Mühle
50 g kalte Butter
2 Schalotten
100 ml Portwein
200 ml Kalbsfond

1 Für die Röstzwiebeln die Zwiebel schälen und in dünne Ringe schneiden. Das Mehl und das Paprikapulver zu den Zwiebelringen geben und gut durchmischen.

2 Das Öl in einem hohen Topf auf etwa 180 °C erhitzen. Es ist heiß genug, wenn sich an einem hineingehaltenen Holzkochlöffel Blasen bilden. Die Zwiebelringe darin nach und nach goldgelb frittieren. Die Röstzwiebeln herausnehmen, auf Küchenpapier abtropfen lassen und leicht mit Salz würzen.

3 Die Petersilie waschen, trocken schütteln und die Blätter abzupfen. Im Zwiebelöl kurz frittieren, herausnehmen und auf Küchenpapier abtropfen lassen.

4 Für den Kartoffelstampf die Kartoffeln schälen, waschen und in kochendem Salzwasser weich garen. Abgießen, ausdampfen lassen und zerstampfen. Die kalte Butter einarbeiten und den Stampf mit Salz und Muskatnuss würzen. Warm halten.

5 Für den Rostbraten Öl in einer Pfanne erhitzen. Die Rinderlendensteaks leicht mehlieren und auf beiden Seiten kräftig anbraten. Die Fleischstücke herausnehmen und warm halten. Mit Salz und Pfeffer würzen.

6 Die kalte Butter in die Pfanne geben und aufschäumen. Die Schalotten schälen und in Streifen schneiden. In der Butter andünsten, mit dem Portwein ablöschen und etwas einkochen lassen. Den Kalbsfond dazugeben und die Sauce sämig einkochen. Das Fleisch wieder hinzufügen und etwa 2 Minuten ziehen lassen.

7 Das Fleisch mit dem Kartoffelstampf auf Tellern anrichten. Die Sauce darübergeben. Mit frittierten Zwiebelringen und Petersilie garnieren.

FÜR 4 PERSONEN

Für die Beize:
2 Zwiebeln · 2 Karotten
¼ Sellerieknolle · je ¼ l Rotweinessig und Rotwein
1 EL Salz · 2 Lorbeerblätter
1 Knoblauchzehe · 6 Wacholderbeeren · 4 Gewürznelken
6 schwarze Pfefferkörner

Für den Sauerbraten:
1 Rinderschulter (flaches Bugstück; ca. 1,2 kg) · 2 Karotten
1 Petersilienwurzel · ¼ Sellerieknolle · Salz · Pfeffer aus der Mühle · 1 EL Öl · 100 g Speck (in ½ cm dicken Scheiben) · 1 EL Mehl · 1 EL Zucker · ½ l Brühe
1 Scheibe altbackenes Schwarzbrot · 8 Essigzwetschgen (siehe S. 21) · 1 Kräutersträußchen (je 1 Zweig Rosmarin und Thymian, 1 Stiel Petersilie, 1 Lorbeerblatt)
250 g saure Sahne

Für das Blaukraut:
1 Blaukraut · Salz · 100 ml Rotweinessig · 1 EL Honig
100 ml Rotwein · abgeriebene Schale und Saft von 1 Bio-Orange · 1 EL Orangenmarmelade
1 Zwiebel (in Streifen) · 1 säuerlicher Apfel (in dünnen Scheiben)
1 EL Gänseschmalz
2 EL Preiselbeeren (kalt gerührt oder Konfitüre) · 1 Lorbeerblatt
2 Gewürznelken · 3 Wacholderbeeren · 4 schwarze Pfefferkörner
Pfeffer aus der Mühle
1 EL Johannisbeergelee

Niederbayerischer Sauerbraten

1 Für die Beize 3 bis 4 Tage im Voraus das Gemüse putzen, schälen und in walnussgroße Stücke schneiden. Essig, Wein und ¼ l Wasser mit Gemüse und Gewürzen in einem Topf aufkochen. Etwa 10 Minuten köcheln lassen. Abkühlen lassen.

2 Für den Sauerbraten das Fleisch, falls nötig, von Fett und Sehnen befreien. In ein Porzellan- oder Metallgefäß legen und die Beize darübergießen, sodass es komplett bedeckt ist. Das Fleisch zugedeckt 3 bis 4 Tage kühl stellen. Immer wieder wenden.

3 Für das Blaukraut das Kraut putzen, vierteln und den harten Strunk entfernen. Kraut fein schneiden, salzen und mit Essig, Honig und Wein marinieren. Orangenschale, -saft und -marmelade untermengen und etwa 5 Stunden, am besten über Nacht, marinieren.

4 Das Kraut abgießen, den Sud auffangen. Zwiebel und Apfel im Schmalz andünsten. Das Kraut kurz mitdünsten. Preiselbeeren hinzufügen, mit dem Krautsud ablöschen. Die Gewürze im Einweg-Teebeutel dazugeben. Das Kraut zugedeckt etwa 40 Minuten weich schmoren. Salzen, pfeffern, mit dem Gelee abschmecken.

5 Das Fleisch aus der Beize nehmen, trocken tupfen. Die Beize durch ein Sieb in ein Gefäß streichen. Für den Ansatz Karotten, Petersilienwurzel und Sellerie putzen, waschen und würfeln. Das Fleisch salzen und pfeffern. Das Öl im Bräter erhitzen, den Speck darin knusprig auslassen, herausnehmen. Das Fleisch in dem Fett rundum kräftig anbraten. Speck auf das Fleisch legen, Gemüse dazugeben und mitrösten. Alles mit Mehl bestäuben, Zucker dazugeben und karamellisieren. Mit etwas Beize ablöschen und den Bratensatz lösen. Nach Bedarf Beize und Brühe angießen. Das Brot in Würfel schneiden und mit den Zwetschgen zur Sauce geben.

6 Den Backofen auf 170 °C vorheizen. Das Kräutersträußchen zum Fleisch geben und die Schulter zugedeckt im Ofen 1½ bis 2 Stunden schmoren. Sobald sich eine hineingestochene Gabel leicht wieder herausziehen lässt, das Fleisch herausnehmen. Warm stellen.

7 Die Sauce durch ein Sieb streichen und einkochen. Die saure Sahne nach und nach einrühren. Das Fleisch in Scheiben schneiden und mit Blaukraut und Sauce anrichten.

1 Auf der Pirsch nach dem Hirsch: Auf dem Hochstand braucht der Jäger jede Menge Geduld.

2 Wild hört extrem gut: Von daher ist auch Ruhe erste (Jäger-)Pflicht.

3 Von wegen Kimme und Korn: Moderne Jagdgewehre verfügen über ein Zielrohr.

4 Hose aus der Heimat: Am liebsten verwendet Stangassinger heimisches Leder.

5 Zum Ausmessen und für die Anprobe müssen die Käufer schon persönlich kommen.

6 Für die Ewigkeit: Die Lederne kann immer wieder an den Leibesumfang angepasst werden.

FROM NOSE TO LEDERHOS!

Was haben ein bayerischer Koch und ein Lederhosenmacher gemein? Klingt wie der Anfang eines schlechten Witzes, ist in Wahrheit aber pure Heimatphilosophie. Beide Berufe haben eine lange Tradition, beide üben ein Handwerk aus und den Hirsch, den teilen sich Koch und Säckler auch noch. Doch dazu später.

Franz Stangassinger ist einer der wenigen Lederhosenmacher, die es noch in Bayern gibt. Eine Handvoll sind es, und dass diese Zunft überhaupt noch existiert, ist Stangassingers Vater zu verdanken. In den 1960er-Jahren wollte er die Meisterprüfung zum Säckler machen, musste aber feststellen, dass es für die Prüfung gar keinen Meister mehr gab. Und dann hat er so lange keine Ruh gegeben, bis die Zunft wiederbelebt war. Die Werkstatt der Stangassingers liegt seit ihrer Gründung 1888 am Marktplatz von Berchtesgaden. „Wir haben uns nie verkleinert, aber auch nie vergrößert", darauf ist Stangassinger stolz. Hier im ersten Stock haben sich schon damals gekrönte Häupter die Klinke in die Hand gegeben, zum Beispiel Kaiserin Sisi. Und hier schreiten heutzutage prominente und reiche Zeitgenossen aus aller Welt über die Schwelle, um sich eine Hirschlederne anpassen zu lassen. Regel Nummer 1: Übers Internet geht hier gar nichts. Da muss man schon selbst erscheinen zum Ausmessen, auch wenn man aus Singapur herfliegen muss. Regel Nummer 2: „Alles Gute braucht seine Zeit", sagt der Stangassinger. Bis zu einem Jahr müssen Interessenten warten, egal, wie wichtig und prominent sie auch sein mögen. Und da haben wir wieder eine dieser Parallelen zwischen Säckler und Koch. Denn auch der Bachmeier meint: „Eine gute Küche braucht Zeit, weil schnell übers Knie gebrochen funktioniert auch hier nicht. Ein gutes Gericht, eine gute Soß brauchen Zeit und viel Liebe obendrein." Nur einmal

4

5

6

hat der Stangassinger eine Ausnahme gemacht. Da wünschte sich ein 94-Jähriger zur diamantenen Hochzeit noch eine echte Hirschlederne. Die lange Wartezeit wollte in diesem Fall keiner riskieren. Viel Wert legt der Berchtesgadener Säckler auch auf die Ware. Er versucht, nur heimisches Leder zu verarbeiten, gegerbt wird mit Tran vom Dorsch und gefärbt mit Blauholz, einer Baumrindenart. „Die Leute wollen wieder ein gsundes Gwand", sagt er, „und nicht das giftige Glump."

7 Zur Krachledernen gehören ein weißes Hemd und eine grüne Weste. Bachmeier bei der Anprobe.
8 Überwiegend von Hand wird so eine Lederhose gemacht. Von daher ist sie nicht ganz billig.
9 Wie anno dazumal: Mit einem Federkiel werden die Verzierungen vorgemalt.

Dass der Hirsch aus der Heimat kommt, ist dem Stangassinger wichtig, auch wenn das Leder mal ein Loch hat (was natürlich zugemacht wird). „Weil der Hirsch, der ist ja nicht umgefallen und hat gesagt, ich möchte jetzt eine Lederhose werden. Sondern der ist halt geschossen worden", ergänzt Bachmeier. From Nose to Lederhos – so bedauernswert das Schicksal des Hirsches sein mag, zumindest hat man vom Tier fast alles verarbeitet. Nichts anderes will auch die Küchenphilosophie „from nose to tail" (von der Nase bis zum Schwanz) sagen. „Nämlich dass man alles hernimmt, aus den Knochen den Jus macht und nicht immer nur die Edelteile verwendet", meint der Bachmeier. Im Grunde ein ganz natürlicher Kreislauf. Womit wir an dem Punkt wären, bei dem sich Säckler und Koch den Hirsch tatsächlich teilen: Der eine macht eine Hose draus, der andere kocht das Fleisch. Und wenn der Küchenchef, wie der Bachmeier, dann auch noch so eine Hirschlederne trägt, dann ist der Kreislauf perfekt.

10 Auch die Trachtenstrümpfe sind Handarbeit: gestrickt in langen Nächten vor dem Ofen.

11 Sie strickt die besten Wadlstrümpf weit und breit: Elisabeth Bibinger.

12 Lederhosen-Fachsimpeln auf der Holzbank. Hans Jörg Bachmeier und Wirt Putzi Holenia.

Rehgeschnetzeltes mit Schupfnudeln

FÜR 2 PERSONEN

Für die Schupfnudeln:

600 g mehligkochende Kartoffeln
1 Eigelb
Salz
75 g Speisestärke
75 g Mehl
50 g weiche Butter
4 Rosenkohlröschen
1 EL kalte Butter
Pfeffer aus der Mühle
frisch geriebene Muskatnuss

Für das Rehgeschnetzelte:

300 g mageres Rehfleisch aus der Keule (am besten aus der Oberschale)
1 Schalotte
4 Champignons
Öl zum Braten
½ TL Wildgewürz (siehe Seite 40)
Salz · Pfeffer aus der Mühle
1 EL Butter
1 EL Preiselbeeren und Preiselbeeren zum Garnieren (aus dem Glas)
5 cl roter Portwein
100 ml Wildfond
1 Streifen Bio-Orangenschale
100 g Sahne

1 Für die Schupfnudeln den Backofen auf 150 °C vorheizen. Die Kartoffeln mit der Schale gründlich waschen und im Ofen etwa 1 Stunde backen. Herausnehmen, ausdampfen lassen und möglichst heiß schälen. Durch die Kartoffelpresse in eine Schüssel drücken. Eigelb, 1 Prise Salz, Speisestärke, Mehl und die weiche Butter dazugeben und kräftig verkneten. Den Teig teilen, in fingerdicke Rollen formen und in etwa 5 cm lange Röllchen schneiden. Diese so formen, dass die Enden spitz zulaufen.

2 Die Schupfnudeln kurz in kochendes Salzwasser geben und dann bei schwacher Hitze ziehen lassen, bis sie an die Oberfläche steigen. Herausnehmen und in kaltem Wasser abschrecken.

3 Den Rosenkohl putzen, waschen und den Strunk kreuzweise einschneiden. Von jedem Rosenkohl etwa 8 bis 10 Blätter ablösen. Erst die Blätter in kochendem Salzwasser kurz blanchieren. Herausnehmen, in Eiswasser abschrecken. Dann die Kohlherzen 12 bis 15 Minuten bissfest garen, herausnehmen und in Eiswasser abschrecken.

4 Das Rehfleisch in etwa 2 cm große Streifen schneiden. Die Schalotte schälen und in Streifen schneiden. Die Pilze putzen, die Stiele abschneiden und die Pilze in ½ cm dicke Scheiben schneiden.

5 Etwas Öl in einer Pfanne erhitzen. Das Rehfleisch rundum kräftig anbraten und das Wildgewürz dazugeben. Das Fleisch mit Salz und Pfeffer würzen, aus der Pfanne nehmen und warm stellen.

6 In der Pfanne Butter aufschäumen. Schalotte und Pilze darin andünsten. Die Preiselbeeren hinzufügen. Mit dem Portwein ablöschen und mit dem Wildfond aufgießen. Die Orangenschale dazugeben und die Flüssigkeit einkochen lassen. Wenn der Fond sämig ist, die Sahne hinzufügen und nochmals einkochen lassen. Das Fleisch in die Sauce geben und aufkochen. Orangenschale aus der Sauce nehmen. Mit Salz und Pfeffer würzen.

7 Etwas kalte Butter in einer Pfanne aufschäumen. Die Schupfnudeln darin anbraten. Rosenkohlherzen und -blätter dazugeben und mit Salz, Pfeffer und Muskatnuss abschmecken. Mit dem Geschnetzelten auf Tellern anrichten. Mit den Preiselbeeren garnieren.

Hirschragout mit Trauben und Speck

FÜR 8 PERSONEN

1,6 kg schieres Hirschfleisch (aus der Schulter)
Salz · Pfeffer aus der Mühle
50 ml Öl
100 g Speck (fein gewürfelt)
250 g gewürfeltes Röstgemüse (Sellerie, Karotten, Zwiebel, Lauch)
¼ l Rotwein
10 Pfefferkörner
3 Gewürznelken
1 Sternanis
3 Pimentkörner
6 Wacholderbeeren
1 Apfel
80 g Preiselbeeren (kalt gerührt oder aus dem Glas)
60 g Mehl
2 l Wildfond (selbst gemacht; ersatzweise Fertigprodukt)
je 1 Zweig Rosmarin und Thymian
1 Lorbeerblatt
1 TL scharfer Senf
1 EL Essig

Außerdem:
100 g geräucherter Bauchspeck
Öl zum Braten
4 Scheiben Toastbrot (ohne Rinde; fein gewürfelt)
ca. 20 Weintrauben

1 Das Hirschfleisch waschen, trocken tupfen und in große Würfel (à etwa 30 g) schneiden. Mit Salz und Pfeffer würzen. Das Öl in einem Schmortopf erhitzen und das Fleisch darin portionsweise rundum kräftig anbraten. Den Speck und das Gemüse dazugeben und mitrösten. Nach und nach mit dem Wein ablöschen.

2 Die Pfefferkörner, die Gewürznelken, den Sternanis, die Pimentkörner und die Wacholderbeeren im Mörser fein zerstoßen. Den Apfel vierteln, schälen und das Kerngehäuse entfernen. Den Apfel in Würfel schneiden. Mit den Gewürzen und Preiselbeeren zum Fleisch geben. Mit dem Mehl bestäuben und mit Fond auffüllen. Den Rosmarin und den Thymian waschen und trocken tupfen. Lorbeerblatt, Rosmarin und Thymian zum Ragout geben und das Fleisch etwa 1½ Stunden weich schmoren. Mit Senf, Salz und Essig abschmecken.

3 Den geräucherten Bauchspeck in Würfel schneiden. Etwas Öl in einer Pfanne erhitzen und den Speck auslassen. Die Toastbrotwürfel dazugeben und goldbraun mitrösten. Die Weintrauben halbieren, dazugeben und durchschwenken.

4 Das Lorbeerblatt und die Kräuter aus dem Ragout nehmen. Das Ragout auf Teller verteilen. Mit Weintrauben, Speck und Croûtons garnieren.

Die perfekte Kombi

So wird die Sauce vom Hirschragout noch feiner: Das Fleisch herausnehmen, die Sauce durch ein Sieb streichen, mit Senf, Essig und Salz abschmecken und das Fleisch wieder in die Sauce geben. Als Beilage passen sehr gut Serviettenknödel oder Schupfnudeln sowie eingelegte Quitten. Ich mag das Ragout aber auch gerne ohne Beilagen, einfach nur aus dem Topf. Das Gemüse wurde die ganze Zeit mitgegart und schmeckt sehr aromatisch.

HEIMAT SCHMECKT AM BESTEN

DESSERTS

Geeister Cappuccino mit Karamellkirschen

FÜR 4 PERSONEN

Für den Cappuccino:

90 g Espressobohnen
300 g Sahne
2 Eier
3 Eigelb
30 g Zucker
80 g Vollmilchkuvertüre

Für die Karamellkirschen:

200 g Zucker
50 ml Kirschlikör
200 ml Sauerkirschsaft
300 g Kirschen (entsteint)
10 g Puddingpulver

1 Am Vortag für den Cappuccino 70 g Espressobohnen in der Sahne über Nacht einweichen.

2 Am nächsten Tag Eier, Eigelbe und Zucker mit den Quirlen des Handrührgeräts in einer Metallschüssel erst über dem heißen Wasserbad warm und dann über Eiswasser kalt schlagen.

3 Die Kuvertüre hacken und in einer Metallschüssel über dem heißen Wasserbad unter Rühren schmelzen. Unter die Eimasse rühren.

4 Die Espressosahne durch ein Sieb streichen und steif schlagen. 250 g Sahne unter die Kuvertüre-Eimasse heben. Den Rest kühl stellen. Die Masse in Cappuccino-Tassen füllen und im Tiefkühlfach 2 bis 3 Stunden gefrieren.

5 Für die Karamellkirschen den Zucker in einem Topf karamellisieren und mit dem Kirschlikör ablöschen. Den Sauerkirschsaft und die Kirschen dazugeben und köcheln lassen, bis sich der Zucker vollständig aufgelöst hat. Das Puddingpulver mit etwas kaltem Wasser anrühren und die Kirschen damit binden. Auskühlen lassen.

6 Die übrigen Espressobohnen im Mörser zerkleinern. Den geeisten Cappuccino aus dem Tiefkühlfach nehmen. 1 TL Espressosahne an den Rand der Tasse setzen und mit den gemörserten Espressobohnen bestreuen. 1 EL Kirschragout neben der Sahne anrichten.

Eingelegte Früchte mit Weinschaum

FÜR 4 PERSONEN

Für die Früchte:

ca. 500 g Beeren und Obst (nach Belieben z. B. je 50 g Erd-, Him-, Heidel-, Rote Johannis-, Brombeeren, Trauben und 1 Orange)
½ Stängel Zitronengras
250 g Zucker
100 ml Weißwein
100 ml Rum
Saft von je 1 Zitrone und Orange
½ Vanilleschote
½ Sternanis
50 g Tapiokaperlen

Für den Weinschaum:

2 Eigelb
40 ml Weißwein

1 Für die Früchte die Beeren und die Trauben verlesen, waschen und trocken tupfen. Die Orange so großzügig schälen, dass auch die weiße Haut mit entfernt wird. Die Filets zwischen den einzelnen Trennhäuten herausschneiden und den Saft auspressen. Große Beeren und Trauben halbieren. Alles in eine Schüssel geben.

2 Für den Sirup vom Zitronengras die welken Außenblätter und die obere, trockene Hälfte entfernen und die untere Hälfte flach klopfen. In einem Topf ¼ l Wasser mit dem Zucker aufkochen. Den Wein, den Rum, den Zitronen- und Orangensaft dazugeben. Die aufgeschlitzte Vanilleschote, das Zitronengras und den Sternanis hinzufügen. Die Flüssigkeit um ein Drittel reduzieren.

3 Die Tapiokaperlen in ¼ l Wasser etwa 15 Minuten weich und glasig garen. In ein Sieb abgießen und in Eiswasser abschrecken. Zu den Früchten geben.

4 Den Sirup durch ein Sieb gießen und bis auf 2 bis 3 EL heiß über das Obst gießen. Die Früchte ziehen lassen.

5 Für den Weinschaum die Eigelbe, den Wein und den restlichen Sirup in eine Schüssel geben und im warmen Wasserbad aufschlagen, bis eine cremige Masse entstanden ist. Dabei darauf achten, dass es nicht zu heiß wird, sonst bindet das Eigelb zu schnell und der Weinschaum erhält nicht genügend Volumen. Anschließend sofort auf Eiswasser kalt schlagen.

6 Die durchgezogenen Früchte auf tiefe Teller verteilen und mit dem Weinschaum übergießen. Dazu passen sehr gut geröstete Pistazien und Vanilleeis.

Grießflammeri mit Kirschragout

1 Für den Grießflammeri die Gelatine in kaltem Wasser 10 Minuten einweichen. Die Sahne steif schlagen.

2 Die Vanilleschote längs halbieren, das Mark herauskratzen. Milch mit Vanillemark sowie Zitronen- und Orangenschale in einen Topf geben und aufkochen. Den Grieß langsam hinzufügen und auf der Herdplatte 5 bis 8 Minuten unter Rühren mit einem Holzlöffel bei starker Hitze abbrennen (siehe Tipp Seite 144).

3 Die Gelatine gut ausdrücken und zum Grieß geben. Die Eigelbe und den Zucker mit den Quirlen des Handrührgeräts schaumig rühren. Unter die Grießmasse ziehen und auf Eiswasser kalt rühren. Ein Drittel der Sahne einrühren, dann die restliche Sahne unterheben und die Grießmasse in Förmchen füllen. Etwa 4 Stunden kühl stellen.

4 Inzwischen für das Kirschragout die Kirschen waschen und entsteinen. Die Steine mit dem Kirschsaft, dem Portwein und dem Cassislikör aufkochen. Die Vanilleschote dazugeben und den Sud auf die Hälfte einkochen lassen.

5 Das Puddingpulver mit Zitronensaft und -schale verrühren und den Kirschsud damit binden. Mit dem Honig nach Geschmack süßen. Den Sud durch ein Sieb streichen und lauwarm abkühlen lassen. Die Kirschen hineinlegen und ziehen lassen.

6 Etwas Wasser in einem Topf erwärmen. Den Grießflammeri am Rand mit einem kleinen Messer einritzen und kurz in das Wasserbad stellen. Herausnehmen und auf Teller stürzen. Die lauwarmen Kirschen mit Saft dazugeben und mit Basilikum garnieren.

FÜR 4 PERSONEN

Für den Grießflammeri:

3 Blatt Gelatine
250 g Sahne
½ Vanilleschote
¼ l Milch
abgeriebene Schale von je
½ Bio-Zitrone und Bio-Orange
30 g Hartweizengrieß
3 Eigelb
60 g Zucker

Für das Kirschragout:

300 g Kirschen
200 ml Kirschsaft (aus dem Reformhaus)
200 ml Portwein
150 ml Crème de Cassis
½ Vanilleschote
10 g Vanillepuddingpulver
Saft und abgeriebene Schale von 1 Bio-Zitrone
Honig nach Geschmack

Außerdem:

Basilikum zum Garnieren

Weißbier-Tiramisu und Kumquatkompott

1 Für das Kompott die Kumquats heiß waschen, trocken reiben und in etwa ½ cm dicke Scheiben schneiden. Den Orangensaft mit dem Honig und dem Zucker in einem Topf aufkochen und um ein Drittel einkochen lassen. Die Speisestärke mit etwas Wasser anrühren und den Kumquatsud damit binden. Vom Herd nehmen und ein paar Stunden auskühlen lassen bzw. kühl stellen.

2 Für das Tiramisu die Sahne steif schlagen. Die Gelatine in kaltem Wasser einweichen. Die Eiweiße zu einem steifen Schnee schlagen und den Zucker dabei einrieseln lassen. Die Eigelbe, den Mascarpone, den Zimt und 1 Prise Piment verrühren.

3 100 ml Bier lauwarm erhitzen. Die Gelatine gut ausdrücken und im Bier unter Rühren auflösen. Zum Mascarpone geben. Die geschlagene Sahne unterrühren und den Eischnee langsam unterheben. Die Masse in einen Spritzbeutel füllen.

4 Das restliche Bier in einen tiefen Teller geben und die Löffelbiskuits kurz darin ziehen lassen. Sie sollten noch etwas kross bleiben.

5 Abwechselnd etwas Creme in Gläser (à 200 ml Inhalt, am besten Tumbler) spritzen und die Löffelbiskuits dazwischenschichten. Mit Zimt bestäuben und etwa 1 Stunde kühl stellen. Das Weißbier-Tiramisu mit dem Kumquatkompott servieren.

FÜR 4 PERSONEN

Für das Kompott:

200 g Kumquats
300 ml Orangensaft
40 g Honig
60 g Zucker
½ TL Speisestärke

Für das Tiramisu:

100 g Sahne
1 Blatt Gelatine
2 Eiweiß (ca. 60 g)
60 g Zucker
2 Eigelb (ca. 40 g)
250 g Mascarpone
½ TL Zimtpulver und Zimt zum Bestäuben
gemahlener Piment
300 ml Weißbier
12 Löffelbiskuits

MEINE REZEPTQUICKIES

Brombeer-Streusel

100 g gemahlene Mandeln in einer Pfanne ohne Fett goldbraun rösten.

Den Backofen auf 160 °C vorheizen. **125 g Mehl, 125 g kalte Butter** und **125 g Zucker** locker vermengen und die noch warmen Mandeln dazugeben. Den Teig grob verkneten und auf ein mit Backpapier belegtes Backblech bröseln. Den Streusel im Ofen etwa 30 Minuten goldgelb backen.

150 g Naturjoghurt mit dem **Saft von ½ Zitrone** verrühren. In einem Highball-Glas schichtweise erst den Joghurt, dann ein paar der **200 g Brombeeren** und etwas Streusel einfüllen. Das Ganze wiederholen. Den Streusel mit **Puderzucker** bestreuen und mit **Minze** garnieren.

Am besten mit 1 Kugel Eis servieren.

Apfelmus

1 kg Äpfel waschen und vierteln, Stiel und Blüte entfernen. Die Schale und das Kerngehäuse dabei belassen, da dies für einen sehr guten Geschmack sorgt.

Die Apfelstücke in einem breiten Topf mit sehr wenig Wasser, dem **Saft von ½ Zitrone** und **1 Zimtstange** bei mittlerer Hitze weich garen.

Durch ein Sieb streichen und nach Belieben mit **Salz** und **Zucker** abschmecken.

Passt immer! Zum Beispiel perfekt zu den Hasenöhrln von Seite 127.

Quittenragout

Ein großes Gefäß mit **50 ml Zitronensaft** und 1 l Wasser bereitstellen. **1 kg Quitten** mit einem Tuch abreiben, waschen, schälen, halbieren und entkernen. In etwa 1 cm große Würfel schneiden, sofort in das Zitronenwasser geben.

In einem großen Topf 1 l Wasser aufkochen. Die Quitten aus dem Zitronenwasser nehmen und in dem kochendem Wasser langsam weich köcheln lassen. Die Quitten in ein Sieb abgießen und das Wasser auffangen.

In einem Topf **400 g Zucker** karamellisieren. Mit **125 ml Weißwein** ablöschen und den Quittensaft dazugeben. **Je 1 Streifen Bio-Orangen- und -Zitronenschale, Saft von 1 Orange, 1 Zimtstange, 1 Sternanis** und **½ Vanilleschote** hinzufügen. Die Flüssigkeit bis auf die Hälfte einkochen lassen. Die Quitten dazugeben und mit dem **Saft von 1 Zitrone** abschmecken. Zitrusschalen und Gewürze herausnehmen und die Quitten heiß in saubere Einmachgläser füllen.

Passt perfekt zu den Schuastafleckn von Seite 52 oder zu Wildgerichten.

Erdbeerkaltschale

500 g Erdbeeren waschen, putzen und halbieren. 400 g davon mit **100 g Holunderblütensirup, Schale und Saft von ½ Bio-Zitrone** fein pürieren und etwa 2 Stunden kühl stellen.

Die Kaltschale in eine Schüssel füllen und mit den restlichen Erdbeerhälften garnieren.

Pumpernickelmousse mit Beerenragout

FÜR 4 PERSONEN

Für die Mousse:

2 Eier
70 g Zucker
250 g Sahne
2 Scheiben Pumpernickel
250 g weiße Kuvertüre
100 ml Milch

Für das Beerenragout:

200 g tiefgekühlte Himbeeren
100 g Zucker
Saft von 1 Zitrone
je 150 g Erdbeeren, Himbeeren, Brombeeren und Heidelbeeren

1 Für die Pumpernickelmousse die Eier trennen. Die Eiweiße zu einem steifen Schnee schlagen, dabei 50 g Zucker einrieseln lassen. Die Sahne ebenfalls steif schlagen. Die Pumpernickelscheiben im Küchenmixer zerkleinern.

2 Die Eigelbe mit dem restlichen Zucker in einer Metallschüssel über dem heißen Wasserbad hellschaumig aufschlagen. Die Kuvertüre hacken und in einer Metallschüssel über dem heißen Wasserbad schmelzen.

3 Die Milch in einem Topf aufkochen und langsam unter die Kuvertüre rühren. Die Kuvertüre vorsichtig unter die Eigelbmasse heben. Den gemahlenen Pumpernickel bis auf ein paar Prisen dazugeben und über Eiswasser glatt rühren. Sobald die Masse abgekühlt ist, erst den Eischnee und dann die geschlagene Sahne unterheben. Die Masse kühl stellen.

4 Für das Beerenragout die tiefgekühlten Himbeeren mit dem Zucker im Küchenmixer oder in einem hohen Rührbecher mit dem Stabmixer so lange pürieren, bis sich der Zucker aufgelöst hat. Die Fruchtsauce mit Zitronensaft abschmecken und durch ein Sieb streichen.

5 Die frischen Beeren verlesen, waschen und trocken tupfen. Je nach Größe halbieren oder vierteln und mit der Himbeersauce vermengen. Die Pumpernickelmousse mit dem Beerenragout anrichten und die Mousse mit dem restlichen Pumpernickel garnieren.

Volles Korn

Für dieses Rezept kann man wunderbar altbackenes Brot verwenden, zum Beispiel Vollkornbrot. Wer keine Beeren möchte – hierzu passen auch die Essigzwetschgen von Seite 21.

Mohnmousse mit karamellisierten Birnen

FÜR 4 PERSONEN

Für die Mousse:

100 g gemahlener Mohn
¼ l weißer Portwein
1 TL Pflaumenmus
200 g weiße Kuvertüre
2½ Blatt Gelatine
1 Eigelb
1 Ei
2 cl Cognac
Mark von ½ Vanilleschote
Zimtpulver
500 g Sahne

Für die karamellisierten Birnen:

2 Birnen
Saft von 1 Zitrone
2 EL Butter
2 EL Vanillezucker
50 ml Weißwein
Saft von 1 Orange
1 Sternanis

1 Für die Mohnmousse den Mohn mit dem Portwein bei mittlerer Hitze unter Rühren köcheln lassen, bis eine trockene, zähe Masse entstanden ist. Das Pflaumenmus unterrühren und alles auskühlen lassen.

2 Die Kuvertüre in einer Metallschüssel über dem heißen Wasserbad schmelzen und die Gelatine in kaltem Wasser einweichen. Eigelb und Ei mit den Quirlen des Handrührgeräts in einer Metallschüssel über dem heißen Wasserbad weißschaumig aufschlagen. Die Gelatine ausdrücken und unterrühren. Die geschmolzene Kuvertüre einrühren.

3 Die Mohnmasse mit dem Cognac, dem Vanillemark und 1 Prise Zimt unter die Eimischung heben und lauwarm abkühlen lassen.

4 Die Sahne halbsteif schlagen und nach und nach unterheben. Die Mousse in eine flache Form füllen und zugedeckt etwa 3 Stunden kühl stellen.

5 Für die karamellisierten Birnen die Birnen schälen, halbieren und die Kerngehäuse entfernen. Mit Zitronensaft einreiben. Die Butter in einer Pfanne aufschäumen. Den Vanillezucker hinzufügen und die Birnenhälften darin karamellisieren. Mit dem Wein ablöschen. Den Orangensaft und den Sternanis dazugeben. Die Birnen weich garen.

6 Zum Servieren einen Löffel in lauwarmes Wasser tauchen und Nocken aus der Mohnmousse ausstechen. Die Mousse mit den karamellisierten Birnen auf Tellern anrichten.

Hasenöhrl mit Zimt und Zucker

1 Das Mehl auf ein Brett sieben. In der Mitte eine Mulde bilden. 1 Prise Salz, Ei, Eigelb, saure Sahne und die Butter in Flöckchen dazugeben. Alles gut zu einem Teig verkneten und ½ Stunde kühl stellen.

2 Den Teig etwa 3 mm dick ausrollen und mithilfe eines Teigrades 10 cm lange Rauten ausschneiden.

3 Das Butterschmalz in einem hohen Topf erhitzen und die Rauten darin goldgelb ausbacken. Zimt und Zucker vermischen und die Hasenöhrl damit bestreuen.

FÜR 2 PERSONEN

150 g Mehl
Salz
1 Ei
1 Eigelb
1 EL saure Sahne
50 g Butter
200 g Butterschmalz
½ TL Zimtpulver
2 EL Zucker

Der Ursprung des Hasenöhrls

Dies ist ein altes Rezept meiner Großmutter, es stammt aus Altbayern und Österreich – die Hasenöhrl wurden dort gerne zur Faschingszeit serviert. In einer Variante hierzu macht man auf einer Seite der Teigstücke einen kleinen Längsschnitt und steckt dann eine gegenüberliegende Ecke so hindurch, dass kleine „Hasenohren" entstehen.

Rupfhauben mit geschmorten Äpfeln

FÜR 4 PERSONEN

Für den Teig:

250 g Mehl und Mehl zum Arbeiten
100 g Topfen (25 % Fett; ersatzweise Speisequark)
1 TL Zucker
Salz
1 Ei
1 EL Butter

Für die Füllung:

500 g säuerliche Äpfel
50 g saure Sahne
1 TL Zimtpulver
65 g Zucker
1 TL Vanillezucker
100 ml Milch
1 EL Butter

Außerdem:

1 Handvoll Rote Johannisbeeren zum Garnieren
1 sehr frisches Eiweiß
1 EL Zucker

1 Für den Teig das Mehl durch ein Sieb in eine Schüssel streichen. Den Topfen, den Zucker, 1 Prise Salz, das Ei und die Butter zum Mehl geben. Alles miteinander vermengen und zu einem geschmeidigen Teig verarbeiten. Den Teig erst zu einer Rolle formen und dann in 8 Stücke teilen. Die einzelnen Teile auf der bemehlten Arbeitsfläche mit dem Nudelholz dünn ausrollen.

2 Für die Füllung die Äpfel schälen, vierteln, die Kerngehäuse entfernen und die Äpfel in Würfel schneiden. Mit der sauren Sahne vermischen und mit Zimt, 50 g Zucker und Vanillezucker würzen.

3 In einer Reine oder im Schmortopf die Milch, die Butter und den übrigen Zucker aufkochen. Die Äpfel dazugeben und die Teigblätter wie Hauben auf die Äpfel legen. Die Form mit einem Deckel oder mit Alufolie verschließen.

4 Die Rupfhauben etwa 20 Minuten bei mittlerer Hitze auf dem Herd backen, bis die Milch eingezogen ist. So entstehen die Rammerln – eine karamellisierte Kruste, die man auch von Dampfnudeln kennt.

5 Die Rupfhauben mit den Rammerln und den geschmorten Äpfeln auf tiefe Teller verteilen. Die Johannisbeeren verlesen, waschen und trocken tupfen. Die Johannisbeeren in Eiweiß und dann in den Zucker tauchen und die Rupfhauben damit garnieren.

Goldene Hauben

Rupfhauben sind eine alte Fastenspeise aus Niederbayern. Angelehnt ist ihr Name an die Form der Goldhauben, einer typischen Tracht und Kopfbedeckung der Frauen ab dem 17. Jahrhundert.
Heiß aus der Reine gegessen, schmecken die Rupfhauben am besten. Und wer keine Äpfel hat, nimmt Birnen.

Scheiterhaufen von Brioche und Äpfeln

FÜR 4 PERSONEN

Für den Scheiterhaufen:

4 Dörraprikosen (ungeschwefelt)
100 g Zucker
etwas Aprikosenlikör
120 g Butter und Butter für die Förmchen
4 Scheiben Brioche (à ca. 20 g)
30 ml warme Milch
4 säuerliche Äpfel (z.B. Boskop)
½ TL Zimtpulver
abgeriebene Schale von 1 Bio-Orange

Für die Sauce royale:

1 Ei (Größe S)
125 ml lauwarme Milch
20 g Zucker
4 EL Biscotti (Cantuccini) oder Amarettini (grob zerkleinert)

Außerdem:

Puderzucker zum Bestäuben
Rote Johannisbeeren zum Garnieren

1 Am Vortag für den Scheiterhaufen die Dörraprikosen in Wasser 30 Minuten einweichen. 100 ml Wasser mit 75 g Zucker aufkochen und die Aprikosen darin ganz weich garen. Herausnehmen, auskühlen lassen und über Nacht in Aprikosenlikör marinieren.

2 Am nächsten Tag die Butter klären und durch ein Passiertuch seihen (wer sich die Mühe nicht machen möchte, kann ersatzweise Butterschmalz verwenden).

3 Die Briochescheiben auf einem Blech verteilen. Die Scheiben mit der warmen Milch leicht benetzen.

4 Die Äpfel schälen, vierteln, die Kerngehäuse entfernen und das Fruchtfleisch in ½ cm dicke Scheiben schneiden.

5 Den restlichen Zucker mit dem Zimt mischen. Vier ofenfeste Förmchen (à 12 cm Durchmesser) mit weicher Butter gut einfetten und mit Zimtzucker ausstreuen. In einer Pfanne etwas geklärte Butter erhitzen, die Briochescheiben auf beiden Seiten goldgelb backen. Herausnehmen und auf Küchenpapier abtropfen lassen.

6 Die übrige geklärte Butter in einer weiteren Pfanne erhitzen. Die Apfelscheiben darin goldgelb dünsten, die Aprikosen dazugeben und etwas Orangenschale darüberstreuen.

7 Den Backofen auf 200 °C vorheizen. Für die Sauce royale das Ei, die Milch und den Zucker verquirlen.

8 Schichtweise abwechselnd Aprikosen, Apfel- und Briochescheiben auf die Förmchen verteilen. Zwischendurch die Keksbrösel einstreuen. Mit 1 Schicht Brioche abschließen und mit der Sauce royale aufgießen. Die Förmchen mit Backpapier bedecken und im Ofen 20 Minuten backen. Aus dem Ofen nehmen und 10 Minuten ruhen lassen.

9 Die Scheiterhaufen auf Dessertteller stürzen, mit Puderzucker bestäuben und mit dem Flambierbrenner karamellisieren. Mit den Johannisbeeren garnieren. Dazu passt sehr gut Vanillesauce (schnelle Vanillesauce, siehe Seite 134) oder Vanilleeis.

Gebackene Topfencrêpes mit Erdbeeren

1 Für den Crêpeteig die Eier mit dem Mehl in einer Schüssel mit den Quirlen eines Handrührgeräts verrühren. Die Sahne und die Milch dazugeben und verrühren, die braune Butter hinzufügen und alles zu einem glatten Teig verarbeiten. 1 Prise Salz dazugeben und den Teig etwa ½ Stunde ruhen lassen.

2 Für die Füllung die Hälfte des Puderzuckers, die Butter und die Eigelbe mit den Quirlen des Handrührgeräts schaumig rühren. Den Topfen und die Zitronenschale dazugeben. Die Eiweiße mit dem restlichen Puderzucker zu einem steifen Schnee schlagen und nach und nach vorsichtig unter die Quarkmasse ziehen.

3 Die Erdbeeren putzen, waschen und in Würfel schneiden. Die saure Sahne und die Erdbeeren unter die Topfencreme heben.

4 Den Backofen auf 200 °C vorheizen. Etwas Butter in einer Pfanne erhitzen. Aus dem Teig darin nacheinander dünne Crêpes backen. Diese mit der Topfenmasse füllen und zusammenklappen. Die Crêpes in eine flache ofenfeste Form legen und im Ofen etwa 20 Minuten fertig backen.

5 Die Topfencrêpes aus dem Ofen nehmen, mit Puderzucker bestäuben und mit Minze garnieren. Dazu passt am besten Vanille- oder Erdbeereis.

Braune Butter

Für die braune Butter 50 g Butter in einen kleinen Topf geben und zerlassen. Bei mittlerer Temperatur unter ständigem Rühren weiter erhitzen – das Rühren ist sehr wichtig, damit sich die Molke nicht absetzt. Wenn die Butter eine nussbraune Farbe angenommen hat und aromatisch duftet, ist sie fertig.

FÜR 4 PERSONEN

Für den Crêpeteig:

3 Eier
100 g Mehl
100 g Sahne
200 ml Milch
30 g braune Butter (siehe Tipp)
Salz

Für die Füllung:

50 g Puderzucker
25 g Butter
2 Eigelb
125 g Topfen (25 % Fett; ersatzweise Speisequark)
abgeriebene Schale von ½ Bio-Zitrone
2 Eiweiß
200 g Erdbeeren
100 g saure Sahne

Außerdem:

Butter zum Ausbacken
Puderzucker zum Bestäuben
Minze zum Garnieren

Brandteigkrapfen mit Schokoladencreme

FÜR 4 PERSONEN

Für den Brandteig:

125 ml Milch
100 g Butter
1 TL Zucker
Salz
150 g Mehl
4 Eier

Für die Schokoladencreme:

200 g Zartbitterkuvertüre
50 g Vollmilchkuvertüre
1 Ei
2 Eigelb
Rum
650 g Sahne

Außerdem:

gemischte Beeren (nach Belieben)
Puderzucker zum Bestäuben

1 Für den Brandteig Milch, 125 ml Wasser, Butter, Zucker und 1 Prise Salz in einem Topf aufkochen und vom Herd nehmen. Das Mehl sieben und anschließend auf einmal unter kräftigem Rühren mit einem Holzlöffel dazugeben. Dann die Masse unter kräftigem Rühren abbrennen, also so lange weiterrühren, bis sie sich als zusammengeballter Teigkloß vom Topfboden löst und sich ein dünner weißer Belag am Topfboden gebildet hat. Den Topf vom Herd nehmen. Die Masse in eine Schüssel füllen. Die Eier nacheinander unter Rühren hinzufügen.

2 Den Backofen auf 220 °C aufheizen und ein Backblech mit Backpapier belegen. Die Brandteigmasse in einen Spritzbeutel mit Tülle füllen, kreisrunde Krapfen auf das Blech spritzen und in den Ofen schieben. ½ Tasse Wasser neben die Krapfen auf das Blech stellen. Dadurch gehen die Krapfen schön auf. Nach etwa 10 Minuten die Ofentür etwas öffnen und die Krapfen weitere 5 Minuten backen. Die Krapfen herausnehmen und abkühlen lassen.

3 Für die Schokoladencreme die beiden Kuvertüren über dem heißen Wasserbad schmelzen und beiseitestellen. Das Ei und die Eigelbe mit den Quirlen des Handrührgeräts schaumig schlagen. Die Kuvertüren unterrühren, mit Rum abschmecken und glatt rühren. Die Masse abkühlen lassen.

4 Die Sahne cremig aufschlagen und unter die Schokoladenmasse ziehen. Die Masse in ein Gefäß füllen, abdecken und etwa 2 Stunden kühl stellen.

5 Die Krapfen quer durchschneiden. Die Schokoladencreme in einen Spritzbeutel füllen und die Krapfen damit füllen. Nach Belieben mit Beeren füllen und mit Puderzucker bestäuben.

Apfelstrudel im Filoteig

FÜR 4 PERSONEN

Für die Füllung:

60 g Rosinen
3 cl Rum
60 g Butter
1,2 kg Äpfel (z.B. Cox Orange)
120 g Briochebrösel oder Weißbrotbrösel
100 g Zucker
abgeriebene Schale und Saft von 1 Bio-Zitrone
80 g Walnüsse (fein gehackt)
1 TL Zimtpulver
250 g saure Sahne

Für den Teig:

30 g Butter
9 Filoteigblätter
2 EL Zucker
1 EL Briochebrösel oder Weißbrotbrösel

Für die Vanillesauce:

1 Vanilleschote
150 ml Milch
100 g Sahne
Salz
80 g Zucker
5 Eigelb

Außerdem:

1 Rispe Rote Johannisbeeren
1 sehr frisches Eiweiß
1 EL Zucker
Puderzucker zum Bestäuben

1 Für die Füllung die Rosinen in Rum einlegen. Die Butter zerlassen. Die Äpfel putzen, schälen und vierteln, dabei die Kerngehäuse entfernen und die Äpfel in feine Scheiben schneiden. Die übrigen Zutaten für die Füllung mit den Rumrosinen, Butter und Äpfeln vermengen und etwa 1 Stunde ziehen lassen.

2 Für den Teig die Butter zerlassen. 1 Filoteigblatt auf ein bemehltes Küchentuch legen. Das Teigblatt mit der Butter bestreichen und leicht zuckern. Darauf ein weiteres Blatt legen und ebenso verfahren. Diesen Vorgang noch einmal wiederholen. Das letzte Teigblatt buttern und darauf ein wenig von den Bröseln verteilen.

3 Ein Drittel der Apfelfüllung auf der Teigfläche verteilen. Den Strudel mithilfe des Küchentuchs einwickeln, die dicken Enden einklappen und auf ein mit Backpapier belegtes Backblech legen. Mit dem restlichen Teig ebenso verfahren. Die Strudel mit der restlichen zerlassenen Butter bestreichen und leicht zuckern.

4 Den Backofen auf 200 °C vorheizen. Die Apfelstrudel im Ofen etwa 25 Minuten goldbraun backen. Die Strudel aus dem Ofen nehmen und etwa 5 Minuten ruhen lassen.

5 Inzwischen für die Vanillesauce die Vanilleschote längs halbieren und das Mark herauskratzen. Milch, Sahne, Vanilleschote und -mark, 1 Prise Salz und den Zucker in einem kleinen Topf unter Rühren aufkochen, dann die Vanilleschote wieder entfernen.

6 Die Eigelbe in eine Schüssel geben und die heiße Vanillemilch langsam unter Rühren mit dem Schneebesen hinzufügen, bis die Sauce bindet. Die Sauce durch ein Sieb streichen.

7 Die Johannisbeeren verlesen, waschen, trocken tupfen, in Eiweiß tauchen und durch den Zucker ziehen.

8 Den Strudel mit Puderzucker bestäuben, in Stücke schneiden, mit den Johannisbeeren garnieren und mit der lauwarmen Vanillesauce servieren.

Apfelschmarren mit Mandeln

1 Die Eier trennen. Die Eiweiße mit 1 Prise Salz aufschlagen, dabei nach und nach 1 EL Zucker einrieseln lassen und zu einem steifen Schnee schlagen.

2 Die Eigelbe, das Mehl, die Sahne und die Milch mit den Quirlen des Handrührgeräts zu einem glatten Teig verrühren und mit 1 Prise Salz würzen. Die Konsistenz sollte cremig sein. Erst ein Drittel des Eischnees unterrühren, dann den Rest unterheben.

3 Die Äpfel schälen und vierteln, die Kerngehäuse entfernen und das Fruchtfleisch in etwa ½ cm dicke Scheiben schneiden. In einer Pfanne 1 EL Butter aufschäumen, die Äpfel dazugeben und mit dem übrigen Zucker karamellisieren. Die Mandeln hinzufügen und kurz mitrösten.

4 In einer weiteren Pfanne die restliche Butter aufschäumen, den Teig hineingießen und stocken lassen. Wenden und noch mal kurz stocken lassen. Den Teig mithilfe von zwei Holzlöffeln zerreißen. Die Äpfel zum Teig geben und kräftig durchschwenken. Puderzucker darüberstäuben und in der Pfanne leicht karamellisieren.

5 Den Apfelschmarren auf Tellern anrichten, mit Puderzucker bestäuben und mit Minze und Lavendel garnieren. Mit je 1 Kugel Vanilleeis servieren.

FÜR 4 PERSONEN

4 Eier
Salz
3 EL Zucker
4 EL Mehl
100 g Sahne
100 ml Milch
2 säuerliche Äpfel
2 EL Butter
50 g Mandelblättchen
Puderzucker
Minze und Lavendel zum Garnieren
Vanilleeis

Der Volumentrick

Ich schlage das Eiweiß für den Teig normalerweise nicht ganz steif, damit der Teig beim Backen noch schön aufgehen kann und der Kaiserschmarren fluffig wird. Ist der Eischnee schon sehr steif, entfaltet sich beim Backen kaum noch Volumen.

1

1 Ursprünglich kommt die Marille, auf Hochdeutsch die Aprikose, aus China.
2 Saftig und rund muss der Geschmack sein.
3 In der Wachau legt Bachmeier gerne selbst Hand an und kommt jedes Jahr zum Pflücken.
4 Nicht jede Marille darf Wachauer Marille heißen. Die Herkunft ist von der EU geschützt.
5 Geerntet werden die Marillen ab Ende Juni.

2

3

DIE MARILLE – EIN ECHTER (APRI-)KOSENAME!

„Tradition in der Küche, das ist Einwecken, Einmachen, Haltbarmachen. Dass man auch im Winter die Früchte des Sommers genießen kann, das hat man fast vergessen. Früher war das ganz normal, man hat einen Rumtopf angesetzt, Zwetschgen eingelegt oder getrocknet." Und das macht auch der Bachmeier so, mit seinem Lieblingsobst, der Marille.

Schmeckt nach Sommer

Warum er sie so liebt? Vielleicht liegt es daran, dass sie rund um seinen Geburtstag reif sind und damit am besten schmecken. Oder weil der Hans Jörg um diese Zeit Marillen pflücken geht und vielleicht sogar ein bisserl Urlaub macht.
Dort in der Wachau, auf einem Bauernhof, wo die Bäuerin, die Elfi, auch verraten hat, wie man Marillen am besten einmacht. „Damit ich das ganze Jahr immer aromatische Früchte habe", freut sich der Bachmeier.
Marille ist die österreichische Bezeichnung für Aprikose. Quasi ein (Apri-)Kosename. Sie kommt von weit her. Ursprünglich aus China, gelangte sie über die Seidenstraße nach Europa.
100 000 Bäume werden in der Wachau kultiviert. Fast alle von der nur dort angebauten Sorte, der Klosterneuburger Marille.
Sie zeichnet sich durch besonders hohe Zucker- und Säurewerte aus. Das Zusammenspiel dieser beiden Gegensätze und ein besonderes Aroma machen den Geschmack dieser so einzigartigen Marille aus. Kein Wunder, dass die Wachauer Marille sogar von der Europäischen Union geschützt wurde.
Auf diesen besonderen Geschmack will Hans Jörg Bachmeier nicht verzichten. Weder im Restaurant noch daheim. Deswegen wird eingeweckt.
„Ist doch das Allerhöchste, wenn ich mitten im Winter ein Glas mit Marillen aufmache, und es schmeckt dann so schön nach Sommer!"

4

5

Eis-Marillenknödel mit Haselnusskrokant

FÜR 4 PERSONEN

Für die Knödel:

½ Vanilleschote
1 Ei
2 Eigelb
60 g Zucker
250 g Sahne
50 g Aprikosenkonfitüre

Für den Haselnuss-krokant:

150 g gemahlene Haselnüsse
2 TL Zimtpulver
50 g Zucker

Für den Marillenröster:

1 kg entsteinte Wachauer Marillen oder Aprikosen
250 g Zucker
Saft von 1 Bio-Zitrone
1 Streifen Bio-Zitronenschale

1 Für die Knödel die Vanilleschote längs halbieren und das Mark herauskratzen. Ei, Eigelbe, Zucker und Vanillemark mit den Quirlen des Handrührgeräts über dem heißen Wasserbad schaumig aufschlagen. Die Schüssel in ein kaltes Wasserbad setzen und weiterrühren, bis die Creme weiß und schaumig ist. Die Sahne steif schlagen und unter die Eiercreme heben.

2 Die Masse in halbkugelförmige Formen füllen und im Tiefkühlfach 4 bis 5 Stunden gefrieren.

3 Inzwischen für den Haselnusskrokant die Haselnüsse mit Zimt und Zucker vermengen und in einer Pfanne ohne Fett rösten. Auskühlen lassen.

4 Für den Marillenröster den Backofen auf 120 °C vorheizen. Die Aprikosen in einem Bräter mit Zucker und Zitronensaft vermengen. Die Zitronenzeste dazugeben. Den Bräter mit Alufolie dicht verschließen und die Aprikosen im Ofen etwa 40 Minuten weich garen. Den Marillenröster abkühlen lassen.

5 Mithilfe eines kleinen Kugelausstechers aus der Mitte der Eiskugelhälfte kleine Halbkugeln ausstechen. Die Aprikosenkonfitüre auf die Mulden verteilen und je 2 halbe Kugeln zu einem Knödel zusammensetzen.

6 Die Marillenknödel in dem Haselnusskrokant wälzen und sofort mit dem Marillenröster servieren.

Marillen und andere Aprikosen

Marillen sind eine Wachauer Variante der Aprikose. Sie sind süßer und haben wesentlich mehr Aroma als andere Aprikosenarten, darum sollte man wenn möglich auch auf ihre Erntezeit warten und bei den österreichischen Nachbarn pflücken gehen. Den Marillenröster stelle ich meist vorher in einer größeren Menge her – dann kann man auch später die Knödel damit füllen.

Marillentarte mit Rumsahne

FÜR 4 PERSONEN

Für die Marillentarte:

40 g Mandeln
40 g Haselnusskerne
100 g Marzipanrohmasse
2 Eiweiß
1 TL Aprikosenkonfitüre und Aprikosenkonfitüre zum Bestreichen
1 Rolle Blätterteig (ca. 300 g; aus dem Kühlregal)
8 Wachauer Marillen oder Aprikosen

Für die Rumsahne:

250 g Sahne
3 EL Puderzucker
3–5 EL Rum (54 %; ersatzweise Mandelsirup)

1 Für die Marillentarte die Mandeln in einer Pfanne ohne Fett rösten und klein hacken. Die Haselnüsse hacken. Beides in eine Schüssel geben. Das Marzipan grob raspeln. Die Eiweiße, das Marzipan und die Konfitüre zu den Nüssen geben und verkneten.

2 Den Blätterteig ausrollen und mit einem runden Ausstecher (etwa 14 cm Durchmesser) 4 Kreise ausstechen. Den Blätterteig in vier flache, runde ofenfeste Formen (à 10 cm Durchmesser) legen und andrücken. Die Überstände am oberen Rand abschneiden. Die Marzipanmasse auf dem Blätterteig verteilen.

3 Die Aprikosen waschen, halbieren und entsteinen. Längs in dünne Spalten schneiden und diese fächerförmig auf den Blätterteig legen. Der Teigboden sollte komplett bedeckt sein.

4 Den Backofen auf 180 °C bis 200 °C vorheizen und die Tartes im Ofen etwa 20 Minuten goldgelb backen.

5 Die Aprikosenkonfitüre in einem kleinen Topf mit etwas Wasser verdünnen und aufkochen. Die Tartes aus dem Ofen nehmen und mithilfe eines Pinsels mit der Konfitüre bestreichen.

6 Für die Rumsahne die Sahne steif schlagen. Die Sahne mit dem Puderzucker und dem Rum in einer Schüssel cremig verrühren. Die Marillentartes mit der Rumsahne servieren.

Bratapfel im Feigen-Aprikosen-Ragout

FÜR 6 PERSONEN

Für das Aprikosen-Feigen-Ragout:
40 g getrocknete Feigen
40 g getrocknete Aprikosen
40 g Walnusskerne
20 g Pinienkerne
40 g Butter
150 ml Apfelsaft
1 Schuss Rum (nach Belieben)
1 Stück Zimtstange
½ Vanilleschote

Für die Füllung:
70 g weiche Butter
30 g Marzipanrohmasse
35 g Honig
abgeriebene Schale von ½ Bio-Orange
1 Ei
20 g gemahlene Haselnüsse
30 g Dinkelbrösel oder Panko (asiat. Weißbrotbrösel)

Für die Brösel:
20 g Butter
30 g Dinkelbrösel oder Panko
10 g weiße Sesamsamen

Außerdem:
6 Äpfel (z.B. Rubinette oder Winter-Calville)

1 Für das Aprikosen-Feigen-Ragout Feigen, Aprikosen, Walnuss- und Pinienkerne grob hacken. Die Butter in einer ofenfesten Pfanne aufschäumen und leicht bräunen. Die Früchte und Nüsse zur Butter geben und durchschwenken. Mit dem Apfelsaft und nach Belieben mit dem Rum ablöschen. Den Zimt und die aufgeschlitzte Vanilleschote dazugeben und den Saft einkochen lassen.

2 Für die Füllung die Butter mit dem Marzipan und dem Honig mit den Quirlen des Handrührgeräts cremig rühren. Die Orangenschale dazugeben. Das Ei, die Haselnüsse und die Dinkelbrösel oder das Panko unterrühren.

3 Den Backofen auf 170 °C vorheizen. Die Äpfel waschen, die Kerngehäuse mit dem Apfelentkerner ausstechen und die Äpfel unten gerade abschneiden. Die Äpfel mit der Marzipanmasse füllen und in den Sud stellen. Im Ofen etwa 35 Minuten backen.

4 Für die Brösel in einer weiteren Pfanne die Butter aufschäumen. Dinkelbrösel oder Panko dazugeben und den Sesam einstreuen. Die Brösel knusprig anrösten. Die Bratäpfel aus dem Ofen nehmen und die Brösel darübergeben.

Herzhaft & süß

Dies ist ein wunderbares altes Rezept von meinem ehemaligen Chef Eckart Witzigmann. Der Bratapfel schmeckt am besten zu Gans oder Ente oder, ganz klassisch, als süßer Solist mit Eis.

1

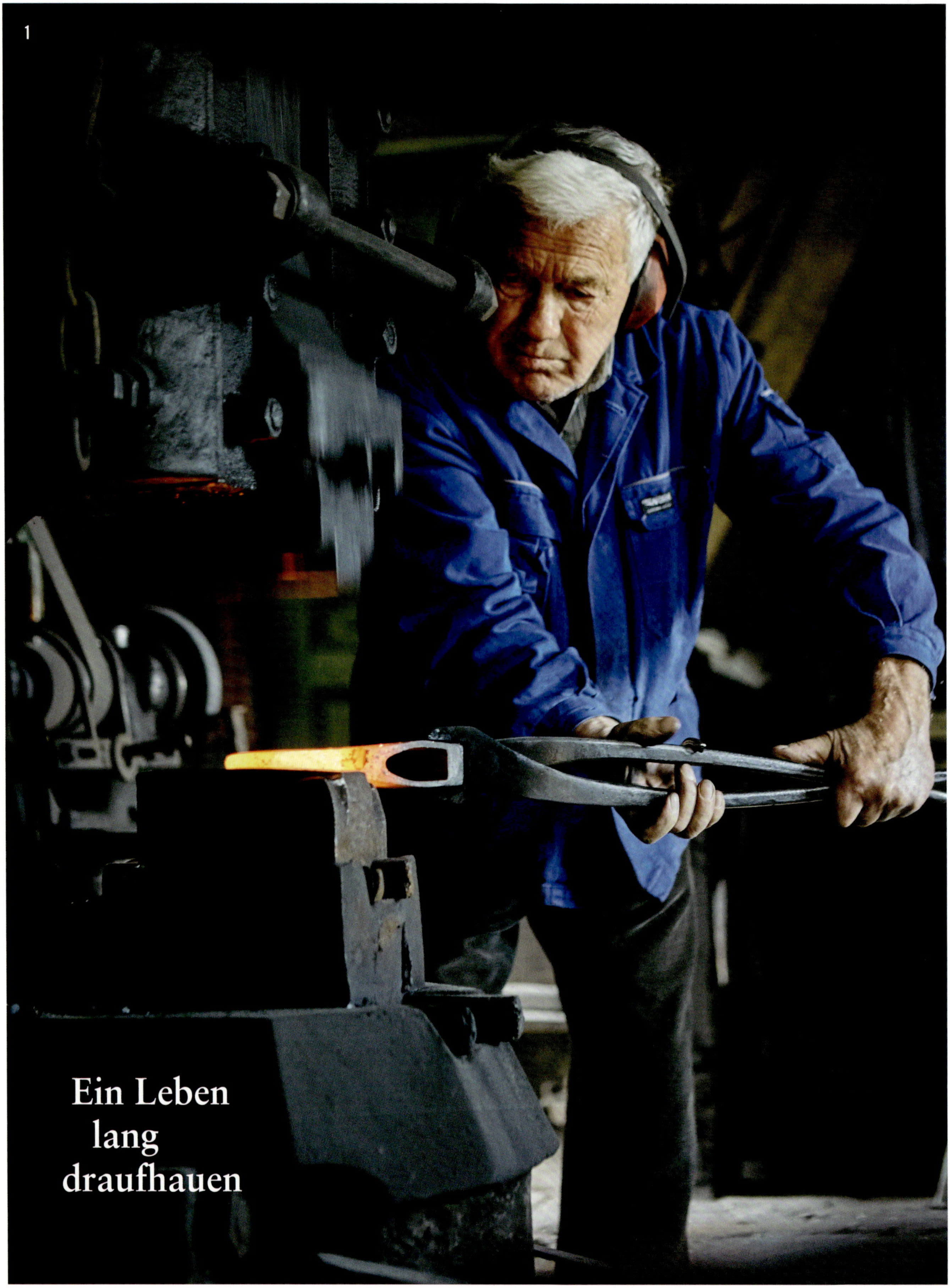

Ein Leben lang draufhauen

EIN SCHMIED VOM ALTEN SCHLAG

Der Kreislauf des Lebens – nichts weniger als das fasziniert Hans Jörg Bachmeier. Und wie er unterschiedliche Menschen auf unsichtbare Weise verbindet. Den Koch aus München mit dem Schmied von Neuhaus am Schliersee zum Beispiel.

Der Geisler Josef ist noch ein Handwerker vom alten Schlag und haut das heiße Eisen so lange mit dem Schmiedehammer, bis daraus eine Pfanne entsteht. „Und in diese Pfanne hau ich wiederum mein Steak“, meint Bachmeier. Essen aus einem Essgeschirr, geboren in der glühenden Esse. Oder wie wäre es mit einer Forelle? Ein wenig oberhalb der Hachl-Schmiede, in der schon seit 1720 die Funken sprühen, ist ein kleiner Weiher, gespeist vom gleichnamigen Bach. Hier fühlen sich die Tiere wohl, das gestaute Wasser erfüllt aber einen ganz anderen Zweck. Mit ihm wird ein riesiges Mühlrad angetrieben. Und das wiederum bewegt die schweren Werkzeuge. „Der Hammer“, meint Bachmeier, „das Wasser, in dem die Fische schwimmen, gibt der Pfanne die Power, der Fischer fischt und ich brate den Fisch in der Pfanne!“ Der Zirkel des Lebens eben. Eines, das für den Geisler ohne den Gang in die Schmiede fast nicht mehr vorstellbar ist. Jahrgang 1937 ist er und verbringt jetzt am Ende seines Berufslebens immer noch ein paar Stunden in der Werkstatt. Klopft dort für die Forstwirtschaft Axt- und Beilblätter oder Rindenschäler. Das mit den Pfannen überlässt er mittlerweile einem Kollegen. „Der macht das besser als ich“, sagt er. Gebrauchsfertig sind sie erst, wenn sie eingebrannt sind. Hier kommt wieder der Koch ins Spiel: „Ich nehme dafür Salz und lasse die Pfanne heiß werden, bis sie raucht. Das Salz wegschütten und die Pfanne sauber mit einem Küchentuch ausreiben. Fertig!“ Man sieht: Auch im Koch steckt ein kleiner Schmied.

2

2

3

1 Die tonnenschweren Schmiedehämmer werden – umweltfreundlich – von Wasserkraft angetrieben.

2 Kochgeschirr aus Eisen: Bachmeier schwört auf Bratkartoffeln aus der Gusseisernen, die der Geisler in allen Größen in seiner alten Schmiede hergestellt hat.

3 Fast so alt wie die Werkstatt sind auch die Werkzeuge.

Gebackene Grießschnitten mit Heidelbeeren

FÜR 4 PERSONEN

1 l Milch
150 g Hartweizengrieß
Salz
3 EL Butterschmalz
2 Eier
400 g Heidelbeeren
100 g Zucker und 5 EL Zucker für den Zimtzucker
1 TL Weißweinessig
½ TL Zimtpulver

1 Die Milch mit dem Grieß und 1 Prise Salz in einen Topf geben und unter Rühren mit einem Holzlöffel bei starker Hitze abbrennen (siehe Tipp), bis eine dickflüssige Masse entstanden ist. Den Grieß fingerdick auf ein mit Backpapier belegtes Blech streichen und auskühlen lassen.

2 Den Grieß in etwa 10 cm lange und 3 cm breite Rechtecke schneiden. Das Butterschmalz in einer Pfanne erhitzen. Die Eier in einem tiefen Teller mit einer Gabel verquirlen. Die Grießschnitten durch das Ei ziehen und im Butterschmalz goldgelb ausbacken.

3 Die Heidelbeeren verlesen, waschen und trocken tupfen. 200 g Heidelbeeren mit dem Zucker und dem Essig in einem hohen Rührbecher mit dem Stabmixer pürieren, bis sich der Zucker aufgelöst hat. Die Heidelbeeren durch ein Sieb streichen und die übrigen Beeren unterheben.

4 5 EL Zucker und den Zimt vermischen. Die Grießschnitten auf Teller verteilen, großzügig mit Zimtzucker bestreuen und mit Heidelbeeren anrichten.

Der perfekte Grieß

Bei jeder Art der Grießzubereitung ist das Abbrennen besonders wichtig: Dabei wird der Grieß bei starker Hitze ständig gerührt – am besten mit einem Holzlöffel – , bis sich am Topfboden eine Kruste bildet. Dadurch verkleistert sich die Stärke und der Grieß lässt sich perfekt weiterverarbeiten.

Zwetschgendatschi mit Vanilleschaum

1 Für den Mürbeteig die Butter in Würfel schneiden. Mit dem Zucker, dem Mehl, 1 Prise Salz und den Eiern zu einem Teig verarbeiten. Etwa 2 Stunden kühl stellen.

2 Für die Streusel das Mehl, den Zucker, den Zimt, die Mandeln und die Butter grob miteinander verkneten und mit den Händen zu Streuseln verreiben. Danach bis zur weiteren Verwendung kühl stellen.

3 Die Zwetschgen waschen und entsteinen. Dabei aufpassen, dass sie möglichst ganz bleiben (so lassen sich die Zwetschgen besser auf den Teig legen).

4 Den Backofen auf 160 °C vorheizen. Den Mürbeteig aus dem Kühlschrank nehmen. Ein Backblech gut einfetten und mit Backpapier belegen. Den Mürbeteig auf der bemehlten Arbeitsfläche ausrollen und in das Backblech einpassen. Die Zwetschgen aufklappen und dachziegelartig auf dem Teig anordnen. Sie sollten etwas in den Teig gedrückt werden. Die Streusel auf dem Kuchen verteilen. Zwetschgendatschi im Ofen etwa 40 Minuten backen.

5 Für den Vanilleschaum die Vanilleschote längs halbieren und das Mark herauskratzen. Die Eigelbe, den Zucker, den Wein, den Süßwein oder Amaretto und das Vanillemark in eine Schüssel geben und mit den Quirlen des Handrührgeräts über dem warmen Wasserbad aufschlagen, bis eine cremige Masse entstanden ist. Dabei darauf achten, dass es nicht zu heiß wird, sonst bindet das Eigelb zu schnell und der Vanilleschaum erhält nicht genügend Volumen. Anschließend sofort auf Eiswasser kalt schlagen.

6 Den Datschi aus dem Ofen nehmen, lauwarm auf Tellern anrichten und mit dem Vanilleschaum überziehen. Mit Minze garnieren.

FÜR 1 BLECH

Für den Mürbeteig:
400 g kalte Butter
200 g Zucker
600 g Mehl
Salz
3 Eier

Für die Streusel:
80 g Mehl
120 g Zucker
10 g Zimtpulver
120 g gemahlene Mandeln
100 g flüssige Butter

Für den Vanilleschaum:
1 Vanilleschote
2 Eigelb
30 g Zucker
40 g Weißwein
20 g Süßwein oder Amaretto

Außerdem:
2 kg Zwetschgen
Butter zum Einfetten
Mehl zum Arbeiten
Minze zum Garnieren

Zwetschgen-Bavese und Zwetschgenmus

FÜR 2 PERSONEN

Für das Zwetschgenmus:

500 g Dörrpflaumen (entsteint)
Saft und abgeriebene Schale von ½ Bio-Zitrone
2 EL Zucker
½ Zimtstange

Für die Bavesen:

4 Scheiben Baguette (à ca. 1–1½ cm)
2 EL Zwetschgenmus
125 ml Milch
1 Ei
1 EL Mehl
1 Msp. Backpulver
½ TL Zimtpulver
5 EL Zucker
4 EL Butterschmalz zum Ausbacken

1 Für das Zwetschgenmus die Pflaumen fein hacken und im Küchenmixer fein pürieren. Die Pflaumen in einem Topf mit 100 ml Wasser, dem Zitronensaft, der Zitronenschale, dem Zucker und der Zimtstange zu einem dicklichen Mus kochen. Durch ein Sieb streichen. In ein sauberes Einmachglas füllen und aufbewahren.

2 Für die Bavesen 2 Scheiben Baguette mit je 1 EL Zwetschgenmus bestreichen und jeweils mit der zweiten Scheibe bedecken. Die Milch in eine Schüssel gießen. Das Ei mit Mehl und Backpulver glatt rühren. Den Zimt mit dem Zucker vermischen.

3 Das Butterschmalz in einer Pfanne erhitzen. Die Baguettescheiben erst in die Milch legen, bis sie sich vollgesogen haben. Danach die Scheiben durch die Eimasse ziehen und sofort im Butterschmalz auf beiden Seiten goldbraun ausbacken.

4 Die Bavesen aus der Pfanne nehmen und auf Küchenpapier abtropfen lassen. Noch heiß in den Zimtzucker legen. Mit Zwetschgenmus servieren.

Bayerisch-französische Freundschaft

Es ist eine bayerische Spezialität, schmeckt aber am besten mit altbackenem Baguette. Diesen Tipp hat mir die Christl vom Teufelsrad auf der Wiesn gegeben. Für mich die besten Bavesen des ganzen Jahres. Sie macht sie klassischerweise immer zu Erntedank und Kirchweih – neben den Auszognen. Richtig original werden sie natürlich nur mit einem selbst gemachten Zwetschgenmus.

WEGWEISER ZU DEN SENDUNGEN 2018

WEGWEISER ZU DEN SENDUNGEN 2019

Hans Jörg Bachmeier wurde 1966 in Eggenfelden geboren, lernte im elterlichen Betrieb kochen und bei Heinz Winkler, Alfons Schuhbeck und Eckart Witzigmann den Feinschliff. Seine Küche kann man in seinem Restaurant „Blauer Bock" in München genießen, Anregungen holt man sich im Bayerischen Fernsehen bei „Einfach. Gut. Bachmeier". Er selbst streckt auch gern die Fühler aus. „Nicht, weil uns daheim zu langweilig wäre, aber gerade als Koch holt man sich die Inspirationen gerne woanders".

Kaiserstraße 14 b | D-80801 München

ISBN 978-3-89883-918-1
5. Auflage 2022

Projektleitung: Ines Alms
Texte: Rudolf Bögel
Lektorat: Isabella Thiel
Grafisches Konzept: Melville Brand Design
(Lars Harmsen, Florian Brugger)
Grafische Gestaltung: Irene Schulz, Catharina Burmester
Satz: Catharina Burmester, Aline Kettenberger
Fotografie: Benedikt Roth
Foodstyling: Hans Jörg Bachmeier
Herstellung: Frank Jansen
Producing: Jan Russok
Druck und Bindung: optimal media GmbH, Röbel

Kurze Wege schonen die Umwelt
Dieses Buch wurde in Deutschland gedruckt

In Zusammenarbeit mit dem BR Fernsehen
in Lizenz durch die BRmedia Service GmbH

Im Buch enthaltene Fotos können zur eigenen Nutzung erworben werden unter www.stockfood.com

ZS - ein Verlag der Edel Verlagsgruppe
www.zsverlag.de | www.facebook.com/zsverlag

Danksagung

Floriane, danke für deine Mithilfe, tolle Kritik und vor allem dafür, dass du immer für mich da bist und an mich glaubst. Danke an Eckart Witzigmann für die vielen Inspirationen. Meiner Mannschaft im BB. Ricardo Quiroz, Sebastian Sulzberger, Sigi Gassner, David Boeckstegers und last, but not least – Michaela Micheu. Sowie an mein restliches Team im Blauen Bock. Danke für eure großartige Unterstützung. An Bene Roth für die tollen Fotos und die entspannte Produktion am Wörthsee.
Den Firmen Staub, Zwilling und Bauscher für die Ausstattung mit Topf, Brett und Teller sowie an Liisa Jussinniemi – ihre handgetöpferten Teller und Schüsseln geben den Gerichten einen ganz eigenen Charakter.